TRAITÉ

DE LA

PERSPECTIVE

PRATIQUE,

AVEC DES REMARQUES

SUR L'ARCHITECTURE

V. 168.
3.

TRAITÉ

DE LA

PERSPECTIVE

PRATIQUE,

AVEC DES REMARQUES

SUR L'ARCHITECTURE,

Suivies de quelques Edifices confiderables · mis en
Perfpective, & de l'invention de l'Auteur.

Ouvrage très-utile aux Amateurs de l'Architecture & de la Peinture.

Par le Sieur COURTONNE, *Architecte.*

Dédié à Monfeigneur LE DUC D'ANTIN.

A PARIS,

Chez JACQUES VINCENT, rue & vis-à-vis l'Eglife de S. Severin,
à l'Ange.

M. DCC. XXV.

Avec Approbation & Privilege *du Roy.*

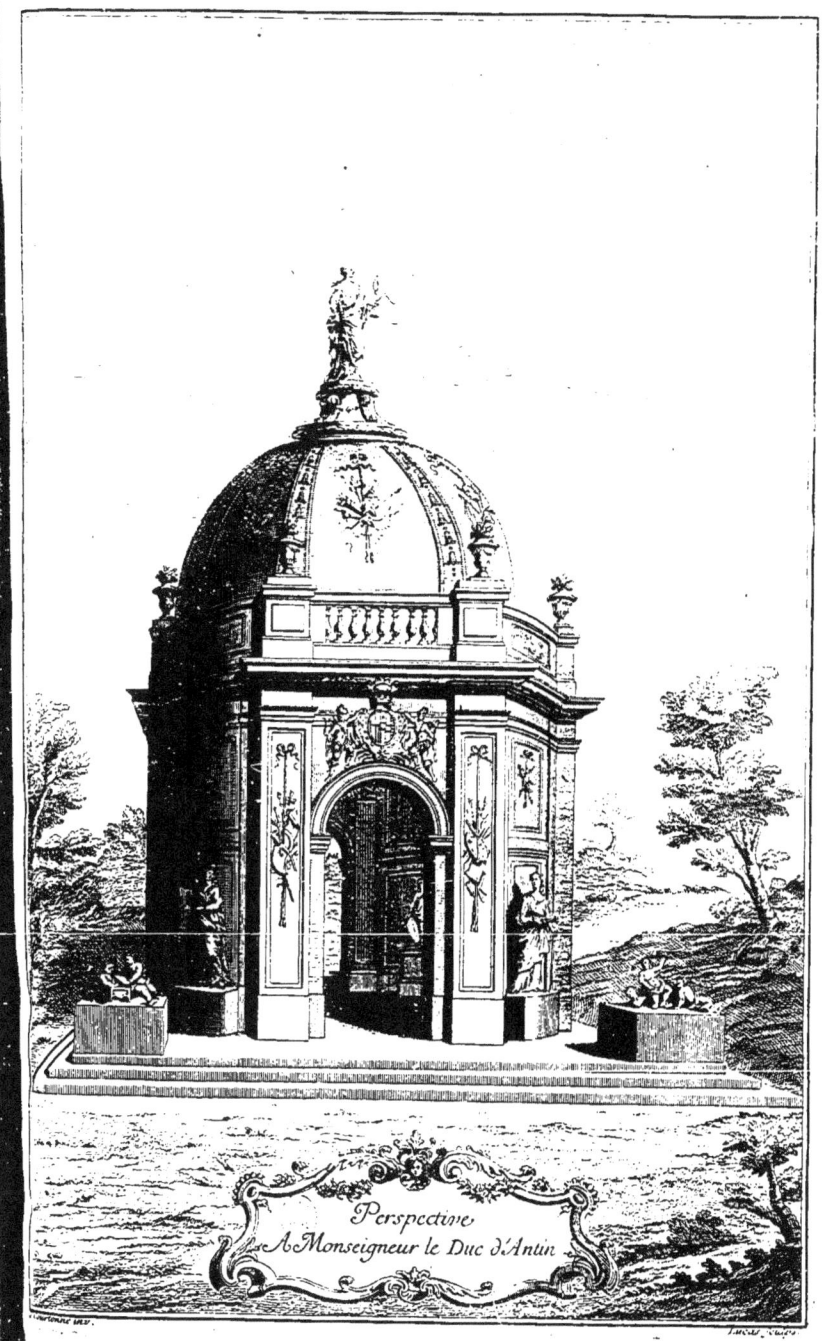

Perspective
A Monseigneur le Duc d'Antin

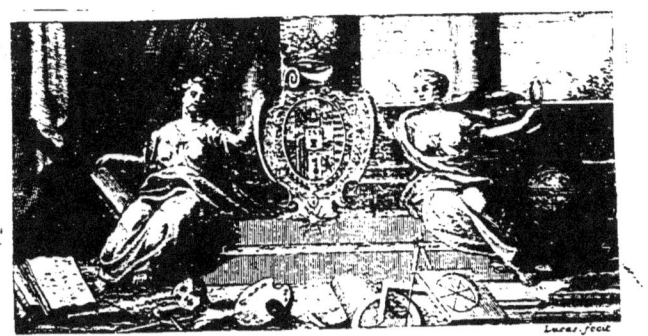

Lucas fecit

A MONSEIGNEUR
LE DUC D'ANTIN,

PAIR DE FRANCE,

CHEVALIER DES ORDRES DU ROY;
Lieutenant Général de fes Armées & de la
Haute & Baffe Alface, Gouverneur & Lieu-
tenant Général de la Ville & Duché d'Orleans,
Sur-Intendant & Ordonnateur Général des
Bâtimens, Jardins, Arts & Manufactures de
France.

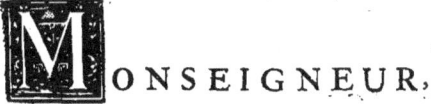ONSEIGNEUR,

Permettez que la Perspective, qui

ã

depuis plusieurs années, n'a presque plus
de rang dans le Sanctuaire des beaux
Arts par le petit nombre de Courtisans
qui la suivent, vienne se présenter à
VOTRE GRANDEUR, & luy de-
mander une Protection dont elle ne se croit
pas plus indigne que ses Sœurs, à qui vous
la donnez avec tant de distinction. Elle vou-
droit bien, MONSEIGNEUR, *avoir*
quelque part dans ces justes prérogatives,
dont on honore l'Architecture, la Sculp-
ture & la Peinture, puisque celles-cy
n'empruntent que d'elle leur plus grands
agrémens; mais elle gardera toûjours le
silence, si vous ne luy accordez cette Pro-
tection, dont elle sent bien qu'elle ne peut
se passer.

En effet, MONSEIGNEUR, *à qui*
peut-elle mieux s'adresser qu'à l'illustre

EPITRE.

Protecteur des beaux Arts, que les deux plus grands Monarques de la France ont trouvé digne de ce Titre, & qui les fait fleurir avec un éclat qui se répand jusques dans les Pays Etrangers? Elle ose se flatter qu'à l'ombre de votre Nom, le sien pourra revivre & reprendre le premier lustre, dont la négligence des derniers tems l'avoit en quelque façon dépouillée. Il seroit à désirer qu'elle eût choisi une plume plus éloquente que la mienne; mais elle tire bien plus de force de ses graces naturelles, que des plus belles fleurs de la Réthorique : C'est, MONSEIGNEUR, ce qui m'a inspiré la hardiesse de vous offrir de sa part ce Traité, qui ne peut manquer d'être utile au Public, s'il a le bonheur de vous plaire; je ne fonde mes esperances que sur ce Titre, qui joint au mérite du Sujet, ne devra

EPITRE.

tout son succès, qu'à la permission que vous m'avez donnée de vous le présenter, & de me dire avec le plus profond respect,

MONSEIGNEUR,

DE VOTRE GRANDEUR,

Le très-humble & très-obéissant serviteur,
COURTONNE.

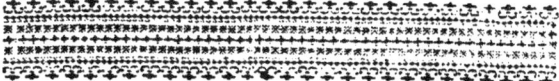

PREFACE.

JE ne fongeois guere à donner ce Traité au Public lorfque j'y ai travaillé à mes heures perdues il y a quatorze ou quinze années : l'envie feule de me rompre dans la Pratique de cet Art, qui a toûjours été l'objet de mon admiration, m'avoit fait entreprendre ce Travail avec un foin particulier, perfuadé que je ne pouvois y réuffir fans l'approfondir dans toute fes parties, à commencer même par les principes les plus fimples : j'y trouvai tant de goût en avançant, qu'infenfiblement je m'apperçûs du progrès que j'y avois fait en m'y prenant de cette maniere. J'avoue que s'il m'étoit tombé entre les mains quelques Ecrits méthodiques de cet Art, ou affez intelligibles pour fatisfaire la paffion que j'avois de m'y perfectionner, je n'aurois peut-être jamais penfé à ce Projet ; mais je trouvois dans la plûpart des Livres de Perfpective que j'avois vû jufqu'alors tant d'obfcuritez & fi peu d'ordre, auffi-bien dans la méthode que dans la matiere, que je me déterminai à ramaffer de tous ces Auteurs quelques morceaux détachez, & qui étoient plus propres à mon Deffein, que je mettois à part pour m'en fervir dans l'occafion. Ce travail ne me conduifoit pas encore où j'aurois voulu, il fallut arranger toutes ces Picces ; & de peur qu'elles ne m'échapaffent, les lier pour ainfi-dire les unes avec les autres & leur donner une nouvelle forme : j'y touchai & retouchai plufieurs fois, & enfin je leur donnai le tour qui me parut le plus conforme à mon Projet.

Voilà de quelle maniere j'ai été conduit à faire un Livre fans prefque m'en appercevoir ; ce travail m'a été d'une fi grande utilité dans la fuite, que j'ai crû en pouvoir faire part à ceux qui voudront en tirer le même avantage.

On peut voir par-là que je ne prétens pas qu'on me prenne

ē

pour l'inventeur de toutes les pratiques que je donne dans la fuite de ce Traité : & quoique j'y aye parlé de quelques matieres qu'on ne verra peut-être point ailleurs, je n'ai garde de m'attribuer la gloire qui est düe à ceux qui m'ont fourni les materiaux dont je me fers. Mon but n'a été que de leur donner un tour plus aifé, d'arranger avec quelque méthode les plus beaux préceptes de cet Art, & de les rendre par là fi clairs & fi faciles, que tout le monde pût en profiter.

J'avois été tenté dès les commencemens, de faire préceder la Théorie à la Pratique, comme plufieurs ont fait avant moi, & de donner un Traité complet de l'Optique ou Perfpective directe; mais outre que cela m'auroit mené trop loin, la plus grande partie de ceux qui voudroient apprendre la Perfpective, & qui n'ont pas une grande connoiffance des mathematiques n'y auroient pas trouvé leur compte, & mon travail n'auroit été goûté que par un petit nombre de Lecteurs, au lieu qu'en ne m'attachant qu'à une Pratique claire & débaraffée de quantité de Theorêmes néceffaires aux feuls fçavans du premier ordre, mon Traité peut devenir utile, agréable; & ce qui eft le plus important, à la portée de tous ceux qui font capables de quelque application.

Il eft vrai que je n'ai pû me difpenfer de donner en paffant la folution de quelques Theorêmes, qui font partie de cette Theorie que je parois abandonner ; mais ils m'ont paru fi néceffaires par la liaifon qu'ils ont avec la Pratique, à laquelle ils communiquent un grand jour, que j'ai cru le devoir faire pour la rendre auffi claire que certaine : que s'ils embaraffent quelques perfonnes, on pourra paffer par deffus & ne s'arrêter qu'aux Pratiques ; ce que je n'ai garde de confeiller à ceux qui veulent faire quelque progrès dans la connoiffance de cette Science.

Il me femble que ce que je viens de dire fuffiroit pour répondre à quelques Critiques qui ne manqueront pas de m'objecter qu'on a déja écrit fur cette matiere, & qu'il y a un affez bon nombre de Traitez de Perfpective : car outre qu'on peut dire qu'il faut bien que cette Science ait été mal entendue jufqu'aujourd'huy, puifqu'il y a fi peu de perfonnes qui s'y foient appliquées avec fuccès, on fçait affez que les

Livres fe multiplient tous les jours, & qe malgré le nombre
prefque incroyable de tant d'Auteurs qui ont traité dans tous
les fiecles de Morale, d'Hiftoires, de Sciences, & generalement
de tout ce qui peut tomber dans l'efprit, on ne laiffe pas de
faire encore aujourd'huy de nouveaux Livres fur ces matieres,
parmi lefquels il s'en trouve de très-excellens.

Quoi qu'il en foit, on doit convenir que la Perfpective a
été fort ignorée, fur-tout parmi le commun des Architectes:
cependant on peut dire qu'il n'y a prefque point de connoiffance
qui foit plus néceffaire aux Peintres, & fur-tout aux Architectes,
fi l'on confidere bien les avantages qu'on en peut tirer, comme
je le ferai voir dans la fuite de ce Traité.

Je ne croirois donc pas avoir rendu un fervice peu confidérable
au Public, fi par la méthode que j'ai prife, j'avois en quelque
forte applani ces difficultez, & conduit mes Lecteurs au but
que je leur propofe par une route moins épineufe.

Comme il faut pofer pour principe, que les connoiffances
dans tous les Arts ne s'acquierent que par dégrez, c'eft en
fuivant cette maxime que j'ai partagé ce Traité en plufieurs
Parties, & que je me fuis bien donné de garde de confondre
les regles, & de mêler la connoiffance des Plans avec celle
des Corps & des Ombres: car il arrive de-là, que pour
vouloir embraffer trop de fujets à la fois, l'efprit fe trouve
comme enveloppé par la multiplicité des matieres, & que
fatigué d'une trop longue recherche, il fe rebutte quelquefois
dès les commencemens: c'eft pour éviter cet inconvenient, que
je confeille à ceux qui voudront comprendre à fond toutes les
Pratiques de ce Traité, de ne point paffer legerement fur les
premieres, & de s'arrêter à chaque endroit, jufqu'à ce qu'on
n'y trouve plus de difficulté.

J'ai jugé qu'il étoit affez inutile de groffir ce Volume, en y
mettant des problêmes de Geométrie pratique, comme ont
fait plufieurs Auteurs qui ont écrit de la Perfpective: je fuppofe
que ceux qui auront la curiofité de lire ce Traité, ont par
avance appris toutes ces chofes dans les Livres qui en parlent.

On pourroit trouver encore à redire que je ne parle point
d'axiomes au commencement de mon Traité, contre l'ufage
établi par la plûpart des Auteurs de Perfpective: mais fi l'on

confidere bien que ces axiomes paroiffent pour l'ordinaire obfcurs à ceux qui commencent, tant par les termes qui leur font alors inconnus, que par la chofe même qui eft encore hors de leur portée; on conviendra avec moi qu'il eft plus fûr de ne les propofer qu'en avançant matiere, & à mefure que les connoiffances fe développent ; on ne fatigue point fon Lecteur par cette méthode, & c'eft ce que j'ai tâché de faire dans la fuite de ce difcours: tous ces axiomes fe découvrent à mefure qu'ils deviennent néceffaires, fans laiffer aucun doute ny difficulté dans l'efprit, qui eft la principale chofe où l'on doit s'attacher.

Je dois cependant avertir qu'on ne peut pas fe flatter de faire de grands progrès dans cette fcience fi l on ne fçait pas deffiner, & fi l'on n'a quelque connoiffance de la Geométrie: mais comme les Peintres & les Architectes qui veulent fe diftinguer dans leur Profeffion, ne doivent point ignorer ces deux excellentes parties, qui conduifent à ce qu'il y a de plus parfait dans les beaux Arts, je ne doute point qu'ils n'y apportent cette préparation, qui eft comme la bafe de ce Traité, & fans laquelle tout porteroit à faux.

La liaifon qui fe trouve entre la Perfpective & l'Architecture, étant fi étroite qu'il ne me femble pas qu'on puiffe les féparer, j'ai profité de ce rapport qui m'a paru très propre à joindre dans ce petit Traité, quelques courtes réflexions fur l'Architecture, qui feront fuivies des Plans & Elevations Perfpectives de quelques Edifices affez confiderables, dont j'ai eu toute la conduite: Ils feront fans doute plaifir aux Amateurs de ces deux Arts, & à ceux qui feront bien aifes de voir l'exemple joint aux préceptes. Comme ces Bâtimens font hors du commun, j'efpere qu'ils trouveront icy leur place; en attendant quelque chofe d'une plus longue halaine, fi le dernier accident qui eft commun à tous les hommes, n'interrompt mon Projet avant l'exécution.

Hæc olim miminiffe juvabit.

TABLE

TABLE

DES TITRES.

PREMIERE PARTIE.

i

TABLE

SECONDE PARTIE.

TROISIEME PARTIE.

ERRATA.

PRéface lig. derniere, *mimimfie*, lifez *meminifse*.

page 9 lig. 18. *au lieu de* cft l'angle C E F, *lifez* eft à l'angle CEF.

page 11. lig. 30. *au lieu que* le triangle V, c, 6, *lifez* que dans le triangle V, 5, 6.

page 39 lig. 9. *au lieu de* les lignes C D, *lifez* les lignes C E.

même page lig. 13. *au lieu de* plan perfpe&ive, *lifez* plan perfpectif.

page 66 ligne 28. *au lieu de* qu'il n'y qu'une partie, *lifez* qu'il n'y a qu'une partie.

page 67 lig. 36. *au lieu de* fperique, *lifez* fpherique.

page 76. lig. 7. *au lieu de* l'angle b d h, *lifez* l'angle d b h.

page 72 lig. 4. *au lieu de* profil 4 *n* au point 14, 7, *lifez* profil 14. *n* au point 7.

page 100 derniere ligne, *au lieu de* dans tous autres Ordres, *lifez* dans tous les autres Ordres.

page 102 lig. 22. *au lieu de* morceau d'Architeĉte, *lifez* morceau d'Architeĉture.

AVIS AU RELIEUR.

IL faut mettre le Frontifpice à la tête du Livre.

Les fix Planches de la premiere Partie, fuivant leur ordre après la page 34.

Les huit Planches de la feconde Partie, fuivant leur ordre, après la page 63 & devant la page 65.

Les cinq Planches de la troifieme Partie, fuivant leur ordre, après la page 90.

Le Plan de la Pyramide & l'Elevation Perfpective de la même Pyramide, après la page 108.

Le Plan de l'Hôtel de Noirmontier avec les trois Elevations Perfpectives du même Hôtel, après la page 110.

Le Plan de l'Hôtel de Matigon avec les trois Elevations Perfpectives du même Hôtel, après la page 114.

Les deux Plans d'un Emplacement pareil à l'Hôtel de Noirmontier avec les deux Elevations Geometrales, après la page 116.

TRAITE'

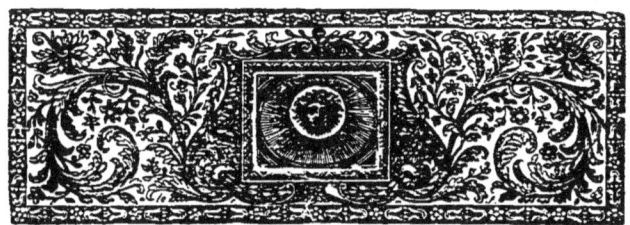

TRAITÉ

DE

LA PERSPECTIVE

PRATIQUE,

AVEC DES REMARQUES
sur l'Architecture.

✿✿✿✿✿✿✿✿✿✿✿✿✿✿✿✿✿✿✿✿✿✿✿✿✿✿✿✿✿✿✿

INTRODUCTION.

De l'Excellence de la Perspective. Sa définition. Idées
qu'on en peut tirer, qui donnent lieu à la division
de ce Traité.

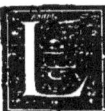A science qui fait l'objet de ce Traité n'est pas sté-
rile comme plusieurs autres, dont l'utilité ne se connoît
que par l'application qu'on en fait aux autres sciences qui en dépendent, & auxquelles elles servent de
principes nécessaires. La Geometrie qui sert de fondement aux plus belles parties des Mathematiques, & qu'on peut
appeller à juste titre la Reine de toutes les sciences, paroît cepen-

dant fi féche, & fi heriffée de propofitions embaraffantes, que l'efprit y trouve fouvent plus de dégoût que d'agrément; parce qu'il ne voit que de fort loin les avantages qu'il en peut efperer. Il n'en eft pas de même de la Perfpective, elle eft féconde dès fes commencemens; & les routes par où elle conduit font fi agréables, qu'on ne s'y peut jamais ennuier: il eft vrai qu'elle fuppofe, comme nous l'avons déja infinué, quelque connoiffance de la Geométrie & du Deffein; mais quels prodiges ne fait-elle point faire à ceux qui y apportent cette legere préparation? Ils font fi furprenans, qu'un Auteur moderne n'a pas feint de donner par excellence, à fon Livre de Perfpective, le titre de *Faifeur de Mi-* *racles* *, nom qu'on avoit déja appliqué à un ancien Pere de l'E-glife par la quantité de miracles qu'on lui attribuoit.

*   *Thauma-turgus Opticus, du Pere Nice-lon.*

En effet nous avons vû de nos jours plufieurs morceaux de Perfpective expofez à la vûe du Public, & que l'injure des temps a bien-tôt effacez, qui n'auroient point cedé à ce que l'Antiquité peut avoir fait de plus rare dans ce genre, fi elle nous en avoit laiffé quelque trace; dont l'un fe voioit à l'hôtel de Saint-Pouange, rue neuve des Petits-Champs, & l'autre près de l'Arfenal; fans parler de plufieurs autres, dont je ne prétens point diminuer le mérite, quoique je ne les cite point en cet endroit. Les hommes feuls n'y étoient pas trompez, les oyfeaux mêmes, en voulant paffer au travers des arcades qui y étoient figurées, y trouvoient une mort affurée.

Ces effets furprenans nous donnent déja une idée très-avanta-geufe de la force de cet Art; mais fi l'on confidere de plus la fur-prife caufée par les Tableaux de perfpective vûs de bas en haut, comme il arrive dans les plafonds & voûtes furbaiffées; & cette autre Perfpective miraculeufe, qui nous expofe d'abord plufieurs objets brutes & difformes; mais qui étant confiderez d'un point feul choifi par le Peintre, nous reprefente un fujet bien different & propor-tionné dans toutes fes parties; on conviendra aifément qu'une fcien-ce qui fçait faire de tels prodiges, en faifant voir d'une part ce qui n'eft point réellement, & en cachant de l'autre aux yeux les plus ouverts ce qui y eft effectivement, doit l'emporter par fon ex-cellence fur ce qu'il y a de plus merveilleux.

Mais fi nous joignons l'utilité & les avantages confiderables que l'Architecture en peut tirer, par les moyens qu'elle nous fournit de faire voir à l'œil les plus grands Edifices dans leur proportion naturelle, avant même qu'ils foient commencez; enforte qu'on foit affuré de les voir dans une élevation perfpective, de la même maniere qu'ils paroîtront après leur entiere execution; n'eft-il pas encore vrai de dire, qu'avec tant de privileges, il feroit trop honteux aux Architectes, auſſi-bien qu'aux Peintres, de l'ignorer?

Après cette legere peinture, qui ne doit paſſer que pour une ébauche aſſez imparfaite, nous pouvons dire que la Perſpective eſt une ſcience qui donne des regles certaines, & qui peuvent ſe démontrer geometriquement, pour tracer ſur une ſuperficie plane la repréſentation de pluſieurs corps où objets, que l'on ſuppoſe regardez d'une diſtance donnée ou priſe à volonté; de telle maniere que l'œil placé au point d'éloignement que le Peintre a choiſi pour ſon tableau, voie l'objet qui eſt figuré ſur ſa ſurface, comme au travers d'une glace tranſparente, derriere laquelle ſeroit la choſe même qui y eſt repréſentée.

Cette définition eſt d'autant plus exacte, qu'elle renferme une idée fondamentale de la Perſpective, & qu'elle montre d'abord à l'eſprit, quel eſt l'artifice dont on peut ſe ſervir pour faire paroître ſur une ſurface unie des objets dans leur ſituation naturelle, & proportionnée à l'éloignement qu'ils ont les uns des autres, & à celui de l'œil qui les voit réunis ſur cette ſurface.

Car ſi l'on ſuppoſe, que dans un mur qui nous cacheroit la vûe d'une Place publique ou d'une vaſte campagne, on faſſe une ouverture de quatre pieds en quarré, dans laquelle on ajuſteroit une glace bien polie, au travers de laquelle une perſonne éloignée de deux toiſes pourroit voir les objets qui ſont par de-là cette muraille; il eſt bien certain que de tous les points de ces objets il paſſeroit des rayons viſuels au travers de cette glace, qui parviendroient juſqu'au fond de notre œil, & que nous pourrions voir par cette ouverture une très-grande étendue de pays, comme on peut s'en convaincre par l'expérience; d'où je conclus, que ſi tous ces rayons s'arrêtoient ſur cette glace & y terminoient leur action, ils y marqueroient autant de points, que l'œil placé toûjours au même endroit rapporteroit néceſſairement aux mêmes objets d'où ils partent, & qu'il n'y auroit d'autre difference entre cette glace & un tableau de la même grandeur de quatre pieds qui ſeroit vû de la même diſtance de deux toiſes, que celle qui ſe trouve entre une excellente copie & ſon original.

Il ſuit de ce raiſonnement, que la Perſpective dans les regles qu'elle nous donne pour imiter la nature, ne tend qu'à nous ſurprendre agréablement : c'eſt ce qu'elle fait lorſque les objets ſont diſpoſez de telle maniere ſur le tableau, qu'en le regardant d'un point déterminé, on s'imagine les voir à des diſtances conſidérables, & ſi bien relatives entre elles, qu'on puiſſe juger de leur éloignement, de leur ſituation, & de l'élevation qu'ils ont au-deſſus du terrein où ils paroiſſent; & qu'enfin la diſtribution de la lumiere

& des ombres foit ménagée fi adroitement dans toute la fcéne du tableau, que notre jugement cede, s'il eft poffible, à l'induftrie de cet Art merveilleux.

Toutes ces précautions fe réduifent à trois chofes qui font abfolument néceffaires pour y parvenir ; dont la premiere eft de fçavoir mettre en racourci fur le tableau le plan de tous les corps qu'on veut y repréfenter, ce qui nous fait juger de l'éloignement & de la fituation qu'ils ont les uns à l'égard des autres.

La feconde eft de donner à ces corps les hauteurs qui leur conviennent, lefquelles font connues par des lignes perpendiculaires qu'on éleve de chaque point du plan racourci, & qui font terminées par des points que l'on trouve fur les échelles du plan racourci, comme nous l'enfeignerons en fon lieu.

La troifiéme eft d'éclairer ou d'ombrer ces mêmes corps, en diftinguant les parties lumineufes, d'avec celles qui ne le font pas, en quoi confifte la derniere beauté de la Perfpective.

Nous fuivrons le même ordre dans la fuite de ce Traité, que nous diviferons en trois parties, dont la premiere donnera des regles pour mettre en racourci fur le Tableau, toutes fortes de plans réguliers ou irréguliers ; la feconde traitera des hauteurs ou élevations qu'il faut donner à chaque corps, par rapport à l'end.oit du plan où il fe trouve ; & la troifiéme enfeignera la maniere de les ombrer, après avoir déterminé le point de lumiere qui doit éclairer les objets qui font figurez fur le Tableau.

Comme tout l'Art de la Perfpective eft renfermé dans ces trois Parties, il faut les examiner avec foin, & fuivant l'ordre que nous venons d'établir : Et parce que les dernieres connoiffances fuppofent néceffairement celles qui les précedent, on a lieu d'efperer, en fuivant exactement cette methode, & en s'arrêtant fur les remarques que nous ferons dans la fuite de ce Traité, qu'il y aura peu de difficultez que l'on ne furmonte, & que cette fcience peut devenir, avec une application médiocre, auffi familiere & agréable, qu'elle avoit paru jufqu'ici embaraffée & épineufe : car les obfcuritez qu'on trouve dans la plûpart des Sciences, & qui ne viennent le plus fouvent que faute d'ordre, rebutent d'abord ceux qui veulent s'y appliquer ; ce qui ne fçauroit arriver lorfqu'il y a de la liaifon dans les préceptes, & que s'élevans par degrez, ils jettent dans le difcours une clarté qui nous rend maîtres du fujet.

PREMIERE

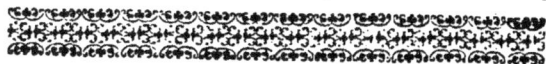

PREMIERE PARTIE.

Qui enseigne à mettre toutes sortes de Plans Reguliers ou Irréguliers en racourci.

LA Perspective, de même que la Geometrie, se divise en Théorique & en Pratique.

La Perspective Pratique, est celle dont nous avons donné la définition, & de laquelle nous traiterons ici particulièrement.

La Théorique, de laquelle nous ne parlerons que par accident, est une pure science, dont toutes les demonstrations fondées sur des principes indubitables servent à former les regles dont on se sert dans la Pratique. On l'appelle encore *Optique*, à laquelle on donne plus d'étendue ; puisqu'elle traite non-seulement de la perspective ou des rayons directs, c'est-à-dire envoiez directement de l'objet à l'œil ; mais qu'elle renferme aussi la Catoptrique & la Dioptrique, dont la premiere a pour objet les rayons qui se font par réfléxion, comme ceux qui sont envoiez contre quelques corps qu'ils ne sçauroient pénetrer ; & la seconde les rayons qui se font par réfraction, qui sont ainsi nommez, parce qu'ils se rompent en passant par des corps transparans, soit qu'ils passent d'un milieu dans un autre plus difficile à pénetrer ; ou qu'au contraire ils sortent d'un milieu difficile à pénetrer, pour entrer dans un plus facile.

Comme on ne peut expliquer la Vision, qui a pour principal objet, la lumiere & les couleurs, que par la connoissance des rayons réfléchis & des rayons rompus, il semble qu'il faudroit en donner ici quelque notion ; mais comme cette partie appartient plus à la Physique qu'à la Perspective Pratique, nous laisserons cette dispute aux Philosophes Modernes, dans les Ecrits desquels on pourra connoître les principes de la Catoptrique & de la Dioptrique, qui s'étendent assez sur cette matiere.

Laissant donc à part la maniere dont se fait la Vision, nous dirons seulement ici, que la lumiere & les couleurs n'agissent que sur les corps opaques, dont la proprieté est de recevoir leur impression ; & que les corps transparans ou diaphanes, sont comme les canaux ou vehicules des rayons de lumiere qui s'arrêtent sur les corps opaques, ne pouvant les pénetrer, & qui nous sont renvoiez ensuite à proportion de la force qui leur a été imprimée, & suivant les loix de la réfléxion, ou de la réfraction.

B

Mais de même que le corps lumineux porte ſes rayons à la ronde, à des diſtances indéfinies, & que chaque point du corps lumineux étend ſon rayon ſur tous les corps qui l'environnent, à proportion de la force avec laquelle il agit ; il eſt auſſi vrai de dire, que nous recevons de chaque point des objets viſibles, des rayons comme autant de lignes droites qui s'étendent de toutes parts, & tracent dans le fond de notre œil l'image de ces objets.

Il faut ici remarquer que chaque point de l'objet faiſant impreſſion ſur le fond de notre œil, tous ces rayons qui s'y raſſemblent forment une pyramide, dont la baſe eſt l'objet que l'on regarde, & le ſommet eſt dans le centre de notre œil. Ainſi ſi la ſuperficie du corps que nous regardons eſt quadrangulaire ou triangulaire, ou de quelqu'autre figure irréguliere que ce ſoit, le concours des rayons ou lignes droites partant de chaque point de cette ſuperficie, formera une figure pyramidale, dont la baſe ſera la ſuperficie de cet objet, & le centre de notre œil, le ſommet.

Cette remarque eſt ſi neceſſaire, qu'elle ſert comme de fondement à la Perſpective. Suppoſons (dans la premiere figure de la premiere planche), que l'œil placé au point E regarde la figure quadrangulaire ABCD. Si nous concevons que de chaque point de cette figure il parte des rayons comme AE, BE, CE, & DE qui s'uniſſent au point E, qui eſt le centre de l'œil, ce concours de rayons ou de lignes droites, forme une pyramide dont la baſe eſt le parallelogramme AD ; les côtez ſont les triangles AEB, AEC, CED, & DEB, & le ſommet eſt le point E.

Ceci ſuppoſé, nous comprendrons aiſément, qu'un tableau perſpectif n'eſt autre choſe que la repreſentation de la ſection qui ſe feroit d'une pyramide à l'endroit du tableau, ſans déplacer l'œil ni l'objet qu'il regarde. Comme ſi dans la figure précédente il ſe trouvoit une muraille FG entre l'œil placé au point E, & le parallelogramme AD, dans laquelle on faſſe une ouverture comme LM, au travers de laquelle l'œil puiſſe voir ce parallelogramme AD ; ſi vous conſiderez à préſent cette ouverture LM comme un tableau, les rayons viſuels EA, EB, EC & ED, marqueront ſur icelui les points H, O, I, P, par leſquels ſi vous tirez les droites HO, OP, PI, IH, cette figure HOPI ſera une vraie ſection de la pyramide EABCD, laquelle ſection ſervira encore de baſe à la petite pyramide EHOPI qui fait partie de la premiere ; où l'on voit, que dans l'une & dans l'autre, l'œil eſt toûjours au point E, & qu'il doit voir le même objet AD ſur le tableau LM de la même maniere qu'il le voioit auparavant au travers de l'ouverture LM.

Mais auparavant que de développer à fond cette vérité, il faut entendre les Theorêmes ſuivans.

THEORÊME PREMIER.

De deux objets égaux, le plus proche est vû sous un plus grand angle que le plus éloigné; & celui qui est vû sous un plus grand angle, paroît plus grand.

SOit (dans la seconde figure de la premiere planche,) le quarré ABCD, dont les côtez égaux A β & CD sont vûs du point E, centre de l'œil. Je dis premierement, que le côté CD sera vû sous un plus grand angle que le côté AB, qui est plus éloigné de l'œil que CD.

Car si vous tirez les rayons EC & ED, d'autant qu'ils se coupent au point E, ils ne seront point paralleles; & par consequent si vous les prolongez plus loin, comme du côté de F & de G, ils s'écarteront d'autant plus l'un de l'autre, & ne toucheront jamais la ligne AB : donc si vous tirez encore des extrémitez de la ligne AB les droites AE, & BE, elles passeront necessairement entre les points C & D; mais l'angle AEB ne fait que partie de l'angle CED, & par consequent il est moindre que CED, & le côté plus éloigné AB est vû sous un moindre angle que le côté CD; ce qu'il falloit démontrer.

D'où il suit encore, pour ce qui regarde la seconde partie de ce Theorême, que le côté CD paroîtra plus grand que le côté AB, puisque les grandeurs ont la même proportion entre elles que leurs arcs, & que la grandeur de ces arcs étant égale à celle des angles d'où ils procedent par la derniere proposition du 6ᵐᵉ, les grandeurs apparentes des objets sont entre elles comme les angles des rayons visuels par lesquels on les apperçoit; ce qui fait que deux grandeurs paroîtront égales, lorsqu'elles sont vûës sous un angle semblable, & que de deux égales, l'une paroîtra plus grande que l'autre lorsqu'elle sera vûë sous un plus grand angle.

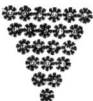

THEORÉME SECOND.

Les Lignes paralleles vûes suivant leur longueur paroissent s'approcher l'une de l'autre, & se joindre à un point, quoiqu'effectivement elles ne puissent jamais s'y joindre.

SOient (dans la troisiéme figure de la premiere planche) deux lignes droites égales & paralleles A B, & C D. Je dis que tout l'espace renfermé entre les lignes A B & C D, paroît se rétrécir à mesure qu'il s'éloigne de l'œil placé au point E, & que l'espace qui est entre F G paroît plus large que celui qui est entre H I, & celui qui est entre B D encore moindre que celui qui est entre H I ; & qu'ainsi les lignes paralleles A B & C D paroissent s'approcher l'une de l'autre, & se joindre en un point.

Soient divisées les lignes A B & C D en tant de parties égales que l'on voudra, comme ici en trois, aux points F, H & G, I, & soient tirées les droites A C, F G, H I & B D perpendiculaires à B A, lesquelles seront aussi perpendiculaires à C D, & paralleles & égales entre elles par la 33me du 1er, tirez ensuite du point E centre de l'œil, les rayons E A, E F, E H, E B d'une part, & de l'autre les rayons E C, E G, E I, & E D. Il est premierement constant que l'angle A E C est plus grand que l'angle F E G, puisque le tout est plus grand que sa partie ; d'où il suit par le Theoréme précédent, que la ligne A C paroîtra plus grande que la ligne F G, & que la ligne F G paroîtra encore plus grande que la ligne H I, puisque l'angle H E I est moindre que l'angle F E G, & ainsi des autres à l'infini. Donc l'espace entre A B & C D paroîtra toûjours se rétrécir du côté de B D, & l'espace entre B & D vû du point E ne paroîtra pas plus grand que L M, quoique le même espace B D soit supposé égal à A C ; & par conséquent il paroîtra à l'œil placé au point E, que les lignes paralleles A B & C D, s'approchent l'une de l'autre à mesure qu'elles s'éloignent, & qu'elles paroîtront comme les lignes B L & D M.

Cependant il est vrai de dire, que quand elles seroient prolongées à l'infini, elles ne se joindront jamais à un même point; parce que les lignes paralleles à B D qui marquent les espaces ou la largeur qui est entre A B & C D seront toûjours vûes sous quelque angle qu'on puisse s'imaginer, qui ne sçauroit être si petit, qu'il n'ait une base qui lui sera proportionnée entre les points L & M ; ainsi ces deux lignes A B & C D, quoiqu'elles paroissent à l'œil s'approcher l'une de l'autre, ne se toucheront jamais.

THEOREME

THEORÊME TROISIEME.

Si des Rayons Visuels tombent obliquement sur quelque ligne ;
les parties de cette ligne paroissent d'autant plus petites,
que ces Rayons y tombent plus obliquement.

QUe la ligne A B (de la 4me fig. de la premiere planche) soit ,
par exemple, la base ou le plan d'une muraille, veuë du
point E centre de l'œil, les rayons visuels E A , E B tombans obliquement sur A B, les angles E A B & E B A seront inégaux. Soit
divisée A B en deux parties égales au point C, & tiré le rayon E C
qui sera l'axe de la pyramide visuelle EAB. Je dis que BC qu'on suppose égal à A C par la construction, paroîtra à l'œil placé en E plus
courte que A C, parce que le rayon E B tombant plus obliquement
sur A B que le rayon E A, la partie B C est vûe sous un angle plus
petit que la partie A C.

Soit du centre E & de l'intervale EC décrit l'arc FCD : d'autant
que la ligne A B tombe obliquement sur E C, il suit par la 16me du
3me que la partie BC qui fait un angle obtus avec l'axe EC tom-
bera hors du cercle FCD, & que l'autre partie A.C sera en dedans
du même cercle : ainsi le triangle ECB sera plus grand que le secteur ECD, & le secteur FCE sera plus grand que le triangle EAC :
mais par la premiere du 6me les triangles sont entr'eux comme
leur base A C & C B, & par la 33me du 6me les secteurs sont entre
eux, comme leurs arcs FC, & CD : donc l'arc CD sera moindre
que la droite BC, & l'arc CF sera plus grand que la droite CA.
Mais A C est égale à CB, par la construction ; donc l'arc CD sera
plus petit que A C, & beaucoup plus petit que l'arc CF que nous
avons déja montré être plus grand que A C : mais l'angle CEB
est l'angle CEF, comme l'arc CD est à l'arc CF par la 33me du 6me.
Donc l'arc CF sera à l'angle CEF comme l'arc CD est à l'angle
CED par la 16me du 5me : d'où il suit par la 14me du 5me que si l'arc
CD est moindre que l'arc CF, l'angle CED sera moindre que
l'angle CEF ; & par le premier Theorême de cette partie, la partie CB paroîtra à l'œil, placé en E, plus courte que la partie AC ;
ce qu'il falloit démontrer.

Pour faire voir présentement ce que nous avons dit ci-dessus,
qu'un Tableau perspectif n'est autre chose que la representation
de la section qui se fait de la pyramide que forment les rayons visuels à l'endroit du Tableau, supposons (dans la 5me figure de la
C

premiere planche) que l'œil placé au point E regarde le parallelogramme ABCD tracé fur un terrein de niveau, figuré par LNMO :
après avoir tiré les rayons vifuels EA, EB, EC & ED, élevez entre
l'œil & l'objet ABCD le plan vertical PQRS à angles droits fur
celui du terrein LNMO : abaiffez du point E la ligne ET perpendiculaire au plan LO qui marque de combien l'œil eft élevé
fur ce plan : tirez du point E la ligne EV parallele au plan LO,
& perpendiculaire au plan vertical PR ; & par le point V tirez la
ligne 1, 2 parallele à PS, ou perpendiculaire à EV : abaiffez enfin
du point V la ligne VX qui fera parallele à PQ, & qui fera la
commune fection du plan vertical du Tableau PR avec le plan
vertical EX.

Il eft premierement manifefte que le point V du plan vertical,
ou tableau PR, répond à l'œil placé au point E, & que les lignes
AB & DC qui, fuivant le fecond Theorême, femblent s'approcher vers leur extremité B & C à l'œil placé en E paroîtront fe
joindre fur le tableau au point V reprefentatif du point E. Il ne
nous manque donc plus que de trouver les deux points fur le même tableau, d'où ces deux lignes prennent leur naiffance ; ce que
nous trouverons en prolongeant AB & DC jufqu'à ce qu'elles
rencontrent la ligne PS qui eft la commune fection du tableau avec
le plan du terrein LO aux points 7 & 8 : car fi de ces deux points
nous tirons au point V les lignes 7V & 8V, elles feront reprefen-
tatives des lignes du plan geometral 7B & 8C prolongées à
l'infini.

On peut voir en paffant que toutes les lignes du plan geometral
qui font perpendiculaires au tableau comme font les lignes 7B &
8C vont aboutir dans le tableau au point V qui reprefente le point
de vûe, & que ce point V eft le vrai point accidental de toutes les
lignes perpendiculaires au tableau ou paralleles à 7B & 8C.

Secondement, remarquons où les rayons vifuels EB & EC coupent les droites 7V & 8V, ce qui arrivera aux points 3 & 4, par
lefquels fi nous tirons la droite 3, 4, elle nous reprefentera la ligne
du plan BC : nous trouvons de la même maniere que les rayons
vifuels EA & ED couperont les mêmes droites 7V & 8V aux
points 5 & 6, par lefquels fi nous tirons encore la ligne droite 5, 6,
elle fera reprefentative de la ligne du plan geometral AD : nous
aurons donc fur le plan vertical ou tableau PR le trapeze 3, 4, 5, 6
qui fera la fection de la pyramide EABCD au droit de ce même
vertical, dont les côtez 5-3, 3-4, 4-6, & 6-5 paroîtront égaux à leurs
côtez relatifs AB, BC, CD & DA, & qui formeront la bafe d'une
pyramide dont le fommet fera toûjours en E.

COROLLAIRE.

Il suit premierement de l'exposition de cette figure qu'il se forme une pyramide de tous les rayons visuels, qui partans de chaque point de l'objet vont se réunir au centre de l'œil, dont la base est l'objet même que l'on regarde.

Secondement, que les grandeurs des objets ne nous paroissent que suivant la grandeur des angles que forment les rayons visuels qu'ils nous envoyent ; en sorte que, comme nous avons déja dit, de deux objets égaux, celui qui est plus proche paroît plus grand que le plus éloigné, comme on le peut voir dans le trapeze 3, 4, 5, 6 dont le côté 3, 4 qui vient de B C paroît plus petit que le côté 5, 6 representatif de A D.

Troisiémement, que les lignes parallteles vûes suivant leur longueur, ou perpendiculaires au tableau, paroissent s'approcher & tendre à un point : ainsi les droites 5, 3 & 6, 4 provenantes de A B & D C paroissent se joindre au point V.

Quatriémement, que toutes les lignes du plan geometral qui sont paralleles à la ligne de terre P S, deviennent encore paralleles à la même droite P S dans le plan racourci du tableau, ou section P R : ainsi la droite 5, 6 du plan racourci 3, 4, 5, 6 devient parallele à P S, parce que la primordiale A D est parallele à la même P S.

En cinquiéme lieu, que si l'on divise une parallele à la ligne de terre P S comme 1, 2, ou une perpendiculaire à la même P S, comme V X en tant de parties égales que l'on voudra aux points 9, 10 & 11, 12, 13, l'espace V 9 paroîtra à l'œil placé en E plus grand que l'espace 9, 10 : de même l'espace V 11 paroîtra plus grand que 11, 12 par le troisiéme Theoréme, qui démontre que les parties d'une ligne paroissent d'autant plus petites, que les rayons visuels y tombent plus obliquement.

Il suit en sixiéme lieu, que le triangle V 5, 6 du tableau, representant la pyramide E 3, 4, 5, 6, on doit regarder le point V comme le centre de l'œil auquel tous les rayons visuels doivent necessairement se rapporter.

Le point V est donc ce qu'on appelle le point de vûe du tableau dont la hauteur au dessus de la ligne de terre P S est marquée par la droite V X égale à E T : cette hauteur se prend à volonté, & est quelquefois à la hauteur de l'homme, & quelquefois élevée de plusieurs toises au dessus du terrein. On peut mettre ce point au milieu du tableau comme dans la même figure, ou entre les points 1, 2 de la ligne 1. V. 2. Mais à quelque endroit qu'on le mette, il doit être toûjours placé de maniere, que la ligne tirée de ce point au centre de l'œil soit perpendiculaire au tableau, d'où il eſt aiſé de conclure que le point de vûe doit être neceſſairement renfermé dans le tableau.

La ligne PS eſt la ligne de terre qui eſt la partie la plus baſſe du tableau qu'on ſuppoſe toûjours dans le plan de l'horiſon, & qui marque la commune ſection du plan horiſontal LO avec le tableau.

La ligne 1, 2 paſſant par le point de vûe V, s'appelle proprement la ligne horiſontale du tableau, quoyqu'elle ſoit toûjours élevé autant au deſſus de l'horiſon ou ligne de terre PS, que l'œil du regardant l'eſt au deſſus du même horiſon, c'eſt-à-dire, de la hauteur ET : mais on l'appelle Horiſontale, parce qu'elle doit être parallele à l'horiſon ; ſon uſage particulier dans la perſpective, eſt · que le point de vûe & les points de diſtance ſe marquent toûjours ſur cette ligne.

Les points de diſtances ſont autant éloignez du point de vûe de part & d'autre ſur la ligne horiſontale, que le point de vûe l'eſt du centre de l'œil : ainſi en reprenant toûjours la même figure ſi ſur la ligne horizontale 1, 2 le point de vûe V eſt à cinq toiſes, par exemple, du centre de l'œil placé en E, les points de diſtance 1 & 2 doivent être éloignez du point V de part & d'autre, de la même diſtance de cinq toiſes.

Il n'eſt pas neceſſaire d'avoir deux points de diſtance ſur la ligne horiſontale ; un ſeul peut ſuffire à droite ou à gauche du point V : il y a même des cas où le point de diſtance eſt ſi éloigné, qu'il ne pourroit ſe rencontrer dans l'enceinte du tableau entre les points 1 & 2, & qu'il faudroit prolonger la même horiſontale 1 & 2 hors du tableau ; & comme cela ſeroit fort incommode, ſur tout lorſqu'on manque de place, nous donnerons en ſon lieu une pratique particuliere pour ſe paſſer abſolument du point de diſtance.

Ce qu'on appelle le plan de l'objet ou ſimplement le plan geometral, eſt une ſuperficie abſolument égale à la baſe de l'objet que l'on veut repreſenter ; ainſi le plan d'un cube de quatre pieds eſt un quarré dont chaque côté a quatre pieds de long comme dans la figure précedente ; le quarré ABCD eſt le plan geometral du cube qui ſeroit élevé deſſus, & le trapeze 3, 4, 5, 6 eſt le plan racourci du même quarré ; ce qui fait voir que pour mettre un plan en racourci, il faut auparavant en marquer le plan geometral.

On appelle la droite EV le rayon principal, & TX la ligne de ſtation : elles ſont toutes les deux perpendiculaires au plan du tableau. La ligne ET eſt la hauteur de l'œil, & la droite VX eſt la ligne verticale : ces quatre lignes ſont dans un même plan EVTX, à qui on donne particulierement le nom de plan vertical.

Il y a encore quelques autres termes dont nous pourrons nous
ſervir

fervir dans la fuite, & que nous n'expliquerons que lorfque l'occafion s'en préfentera pour éviter l'obfcurité.

Avant que d'en venir à la Pratique, nous donnerons encore les
deux Theorêmes fuivans, dont le premier éclaircira quelques difficultez qui peuvent fe rencontrer au fujet des Colonnes, & de
de tous les corps fpheriques.

THEORÊME IV.

*Si l'axe de la pyramide des Rayons vifuels fe trouve dans le
plan d'une circonference de cercle, on verra moins de
la moitié de cette circonference.*

CEtte propofition, de la maniere dont on l'expofe, femble
ne regarder que les fuperficies, puifqu'il n'y eft parlé que
d'un plan qui fe trouve dans la circonference d'un cercle : cependant on prétend qu'elle conclut également à l'égard des corps,
comme par exemple, d'une fphere ou d'une colonne, dont l'œil
en confequence de ce Theorême, ne peut jamais appercevoir la
moitié de la groffeur, à quelque diftance qu'il fe mette : on le prouve
en cette maniere.

Soit (dans la premiere figure de la feconde planche) le cercle
BCD, dont le diamétre eft BD, lequel foit vû de l'œil placé en A
que l'on fuppofe être dans le même plan du cercle BCD, les
rayons vifuels étant reprefentez par AI & AL : je dis que l'œil ne
fçauroit voir le demi cercle entier BCD : car fi cela étoit, il faudroit que les rayons vifuels AI, AL paffaffent par les extrémitez
du diamétre BD ; car autrement il ne pourroit voir la moitié de ce
cercle, puifque ce diamétre le divife en deux parties égales : ils le
toucheroient donc aux points B & D ; & par la 17me du 3. les lignes
AB & AD feroient deux angles droits avec le diamétre BD : d'où
il fuivroit que le triangle ABD auroit deux angles droits ABD,
ADB, & le troifiéme BAD ; ce qui eft abfurde par le 32me du 1er.
Il eft donc impoffible que l'œil puiffe voir le demi cercle entier
BCD, puifqu'en ce cas un triangle pourroit avoir plus de deux
angles droits.

Si on vouloit fçavoir quelle portion du demi cercle pourroit
être vûe de l'œil placé en A, il faut tirer du point A les lignes
AF & AG qui touchent le cercle BCD aux points F & G par la
17me du 3. auxquelles les droites EF & EG tirées du centre E feront
perpendiculaires, & la portion du cercle FCG fera vûe de l'œil

D

placé en A; d'où il est aisé de conclure, que plus l'œil s'approche
du cercle, & moins il doit voir de parties de la circonference; &
qu'au contraire il doit en découvrir davantage lors qu'il en est plus
éloigné.

On dira peut-être qu'une colonne de deux pieds de diamétre,
devroit par ce raisonnement paroître plus menuë qu'un pilastre qui
auroit la même largeur de deux pieds : mais on répond, qu'une
colonne dont le plan seroit le cercle BCD, envoye à l'œil de tous
les points de la circonference FCG beaucoup plus de rayons
visuels, qu'un pilastre dont le plan seroit la ligne BD, puisque la
ligne BD est beaucoup plus courte que la circonference FCG:
d'où il arriveroit que si on voyoit le demi cercle entier BCD, la
colonne paroîtroit en ce cas bien plus grosse qu'un pilastre qui
seroit de la largeur du même diamétre ; mais cette apparence de
grosseur de la colonne est diminuée en ce que l'œil, comme nous
avons dit, ne voit pas la circonference entiere, & qu'il ne voit
que la portion de cercle FCG; ainsi on peut dire que quoi-qu'on
ne puisse voir la moitié entiere d'une colonne, la quantité de
rayons visuels qui partent de la portion de cercle FCG donne une
apparence de largeur qui est encore superieure à celle qui viendroit
de tout le diamétre BD.

THEOREME V.

Si entre deux lignes paralleles, deux autres lignes s'entrecou-
pent ; & que par leur commune section, on fasse passer une
troisieme ligne prolongée jusqu'à ce qu'elle coupe lesdites pa-
ralleles, les portions coupées seront proportionnelles entr'elles.

SOient tirez (dans la planche II. figure 2.) deux lignes paralleles
AB & CD terminées aux points A, B, C, D desquels points
soient tirez les droites AC & BD, se coupans au point E, par lequel si vous tirez la droite FEG qui coupe les paralleles AB, DC
aux points F & G; je dis que ces mêmes paralleles seront coupées
proportionnellement aux points F & G, c'est-à-dire que comme
AF sera à FB, ainsi GC sera à DG : car puisque les triangles AEF
& GEC sont équiangles aussi-bien que les triangles FEB & DEG
par la 29 du 1. & que l'angle BEF est égal à l'angle DEG, & l'angle AEF égal à l'angle GEC par la 15. du 1. Il s'ensuit par la 4.me
du 6. que les côtez qui forment ces angles sont proportionnels,
c'est-à-dire, que BF sera à FE comme GD est à GE, & que com-

me BF est à DG, ainsi AF sera à GC; d'où il s'ensuit encore par la 11me du 5. que la plus grande parallele AB sera divisée en F de la même maniere que la plus courte DC a été divisée en G, c'est-à-dire, que AF sera à FB comme GC est à la droite DG; ce qu'il falloit démontrer.

L'application de ce Theorême est d'une très-grande utilité dans la pratique de la Perspective, comme on le verra dans la suite : nous en tirerons une methode assez ingenieuse pour réduire de grand en petit, ou de petit en grand, quelque plan ou figure que ce soit.

Soit (dans la planche II. fig. 3.) le plan ou tableau R S T que l'on veut réduire en petit, & soit le plan de réduction I A B, dont la hauteur A I doit être à la base AB comme R S est à S T : il s'agit de placer dans le plan ou tableau I A B tous les points ou sujets qui sont representez dans le premier R S T. Soit sur le grand tableau le point H qu'il faut placer sur le tableau de réduction I A B : après avoir tiré du point H les lignes H 1 & H 2 paralleles à S T & à R S, tirez à telle distance qu'il vous plaira les lignes C D & L M paralleles aux côtez AB & A I, desquelles C D sera égale à S T, & ML à R S; & après avoir mené les droites A L, M I, & les droites A D, C B se coupans aux points Q & E, faites sur C D, la partie C G égale à T 2, & sur L M la partie L N égale à S 1, & tirez des points G & N par les points d'intersection E & Q, les droites G F & N O, jusqu'à ce qu'elles coupent les lignes A B & A I aux points F & O : car si des mêmes points F & O vous tirez les perpendiculaires F P & O P, leur point d'intersection P representera le point H du grand tableau R T.

Il ne sera pas plus difficile de trouver dans le tableau de réduction I B tel point qu'il vous plaira du grand tableau R T, puisque c'est toûjours la même pratique, comme on le peut voir à l'égard du point X qui sera trouvé dans le tableau de réduction au point K, & ainsi de tous les autres.

REMARQUES

Sur le Point de Distance.

IL faut auparavant que de marquer sur la ligne horisontale les points de vûe & de distance, fixer l'éloignement de l'œil à l'égard du tableau : mais quoyque nous ayons dit ci-dessus, que cette distance se prend à volonté, elle doit être cependant proportionnée à l'étenduë des objets qui doivent être vûs sur le plan ou la face anterieure du tableau : car si vous avez à representer sur le devant du tableau un Bâtiment qui ait, par exemple, trente toises de longueur, & que la distance de l'œil ou Tableau ne soit que de dix toises, il est certain que l'œil étant trop près du tableau ne pourra appercevoir distinctement les deux extrémitez de cet édifice, parce que l'angle des rayons visuels qui se fait des deux lignes, qui partans de l'œil vont aboutir aux deux extrémitez de ce bâtiment, devient trop obtus, & que l'œil ne peut voir assez distinctement les objets que par un angle de 90 degrez, ou moindre de 90 degrez.

Soit, par exemple, (dans la planche II.figure 4.) la ligne A B de trente toises de longueur que nous regarderons icy comme le plan du tableau, & sa commune section avec l'horison : si l'œil est placé au point E, éloigné du point C de dix toises, il est constant qu'il ne pourra appercevoir distinctement les extrémitez A & B, parce que l'angle A E B est obtus, & qu'il ne verra nettement que la partie du tableau renfermé entre les lettres H & I, où l'angle H E I devient droit : mais si l'œil est placé au point D à quinze toises de C, alors l'angle des rayons visuels A D B étant droit, l'œil verra assez bien les extrémitez A & B : Que si l'œil étoit placé au point F, ensorte que l'angle A F B fût de 75 degrez, la vision des extrémitez A & B seroit beaucoup plus distincte, & encore mieux au point G, où l'angle des rayons visuels A G B n'est que de 60 degrez. On voit par là que plus l'œil est éloigné du tableau, & plus il apperçoit distinctement les objets qui y sont representez, pourvû que cet éloignement ne soit point trop considerable par rapport à l'étenduë du tableau, parce qu'alors l'angle visuel deviendroit trop aigu, & que les rayons visuels de chaque partie de l'objet se confondans, la representation en seroit par consequent trop confuse.

PRO

P R O B L Ê M E.

Les points de vûe & de distance étant donnez, mettre en
perspective un point pris sur le plan geometral.

SOit (dans la planche II. figure 3. de la 3.ᵐᵉ Partie) la ligne CL
prife pour la ligne de terre du tableau dans lequel la ligne OD
fera la ligne horifontale : le point de vûe fera au point O, & le
point de diftance au point D. On veut d'abord mettre le point A
du plan geometral en perfpective, & l'on fuppofe qu'il fe trouve
dans la ligne OH perpendiculaire à la ligne de terre CL prolongée du côté de A.

Tirez en premier lieu du point A la ligne de terre CL la perpendiculaire A H, & du point H au point de vûe O la ligne HO,
ces deux lignes étoient déja tirées par la conftruction : mettez enfuite la pointe du compas fur le point H que vous ouvrirez jufqu'au
point A, & de l'intervalle H A faites un arc de cercle fur la ligne
de terre CL au point 3. Si du point 3. vous tirez au point de diftance
D la ligne 3 D, elle coupera la fuyante HO au point G qui repréfentera dans le tableau le point A du plan geometral.

Secondement, fi l'on vouloit mettre le point B en perfpective,
lequel ne fe trouve plus dans la ligne O H prolongée, mais que
l'on fuppofe auffi éloigné de la ligne de terre que le point A, il faudra tirer du point B la ligne B L perpendiculaire à C L comme dans
le premier cas, laquelle B L fera égale à A H par l'hypotefe. Vous
tirerez enfuite du point L au point de vûe O la fuyante L O : mettez la pointe du compas au point L, & faites fur la ligne de terre
CL un arc de cercle de l'intervalle LB qui la coupera au point 4.
Si du point 4 vous tirez au point de diftance D la ligne 4 D, elle
coupera la fuyante LO au point I qui reprefentera fur le tableau
le point B du plan geometral : ou vous remarquerez, que fi vous
laiffez tomber du point I la perpendiculaire I 5, elle fera égale à
G H fa parallele, & que la ligne GI fera parallele à la ligne de terre
CL auffi-bien que la ligne A B du plan geometral.

Comme ce Problême fert de fondement à toutes les pratiques
que nous donnerons dans la fuite pour mettre toutes fortes de plans
en perfpective, j'ay crû que je devois en donner la démonftration
en faveur de ceux qui s'appliquent à la geometrie : Je me fuis rendu
aux confeils d'un des plus celebres Mathematiciens de notre tems,
malgré la répugnance que j'avois de mêler la theorie dans un traité
qui n'eft que de pratique; mais comme il ne s'agit que de quelques
theorême de plus, on voudra bien me le pardonner aux conditions
dont j'ay parlé dans ma Préface.   E

THEORÊME VI.

La hauteur de l'œil au dessus du plan horisontal est à la hau-
teur du point qui se rencontre dans le Tableau au dessus
du même plan horisontal, comme le composé de la distance
de l'objet au Tableau, & de la distance du même Tableau
à l'œil, est à la distance de l'objet au Tableau.

SOit (dans la planche II. figure 4. de la troisiéme Partie) le
plan horisontal PQR l'œil soit au point O, duquel on abais-
sera la perpendiculaire OM sur le même plan horisontal : on tirera
du point M la ligne MA perpendiculaire au tableau DEF jusqu'au
point A que l'on suppose être le point de l'objet vû du point O ;
tirez ensuite du point O, centre de l'œil, la ligne OA, & du point
H où la ligne MA coupe la ligne de terre du tableau ED ; élevez
la perpendiculaire HG jusqu'à ce qu'elle coupe la ligne OA au
point G.

Il est aisé de voir par la construction que le point A, qui est le
point de l'objet, paroîtra sur le tableau au point G ; que la distance
de l'œil au tableau est égale à la ligne MH ; que l'éloignement du
point A du même tableau est égal à la ligne HA, & que de plus
la ligne HG montre de combien le point G sur le tableau est élevé
au dessus du plan horisontal. Je dis que la ligne OM est à la ligne
HG comme la ligne MA est à la ligne HA.

Pour le prouver, la ligne OM est perpendiculaire au plan horisontal PQR, aussi-bien que le plan OMA par la 18. du 11me éle-
ment : mais parce que le plan du tableau ECFD, & le plan MOA,
sont perpendiculaires au même plan horisontal PQR, leur commune section HG lui sera pareillement perpendiculaire par la 19.
du 11me, & par consequent par la 2. du 6me la ligne GH coupera
proportionnellement les côtez du triangle OMA. Donc par la 5.
du 6. les triangles OMA & GHA seront équiangles, & par là 4.
du même leurs côtez seront proportionnaux : donc OM sera à GH
comme MA à HA ; ce qu'il falloit démontrer.

On démontrera par le même raisonnement que dans le triangle
OMB pour ce qui regarde le point B qu'on suppose un autre objet,
il doit arriver la même chose, pourveu qu'il soit autant éloigné du
tableau que le point A, quoique la ligne BKM tombe obliquement sur la ligne de terre du tableau ED ; c'est-à-dire, que OM est
à IK, comme MB est à MK, ou ce qui est la même chose comme
MA à HA ; ce qu'il est si facile d'entendre aussi-bien que l'applica-

tion de ce Theorême au Problême précedent, que je ne m'y arrêterai pas davantage.

Nous allons donner préfentement des pratiques differentes pour
mettre toutes fortes de plans en perfpective qui dépendent toutes
du Problême que nous venons de démontrer.

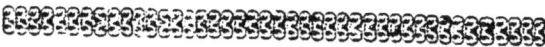

PREMIERE PRATIQUE.

*Les points de vûe & de diftance étant donnez, mettre un
plan geometral en Perfpective.*

SOit (dans la planche II. figure 5.) le tableau ABFG, dans lequel on veut tracer le plan perfpectif de quelque objet que
ce foit, dont AB fera la ligne de terre, la ligne horifontale fera la
droite FG, dont la hauteur AF fera égale à la hauteur de l'œil au
deſſus de l'horifon, dont la commune fection avec le tableau eft
repréfentée par la ligne AB. Le point de vûe fera marqué par le
point E, & les points de diftance par les points F & G, auſſi éloignez du point E que l'œil eft fuppofé l'être du tableau.

Ainfi en fuppofant qu'un homme, étant dans le même plan de la
ligne de terre AB, foit fitué de maniere à l'égard du tableau, qu'en
tirant une ligne droite de fon œil jufqu'à la ligne horifontale FG,
elle lui foit perpendiculaire, & la coupe par le milieu comme au
point E, cette ligne horifontale fera élevée de cinq pieds ou envi-
ron au deſſus de la ligne de terre AB, & le point E fera le point de
vûe : de même fi l'œil eft à vingt pieds du tableau, il faudra qu'il y
ait vingt pieds du point E au point F, & autant du même point E
au point G.

Cette préparation ainfi faite, il faut au bas de la ligne de terre
AB, marquer le plan geometral de la figure que l'on veut mettre
en racourci comme le Pentagone HILMN, & de chacun de fes
angles tirer des lignes perpendiculaires à la même ligne de terre
AB comme I1, L2, H3, M4, & N5. Menez enfuite des points
1-2-3-4-5 au point de vûe E les droites 1E, 2E, 3E, & les autres
que nous appellerons lignes fuyantes.

Secondement fur la ligne de terre AB, & du point 3. provenant
de H, faites 3-9 & 3-10 egaux à 3H, & tirez des points 9 & 10 aux
deux points de diftance F & G les droites 9G, & 10F qui fe
couperont au point h, de la ligne 3E : pareillement des points
1 & 5 provenants de I & de N, faites 1-6 & 5-13 égales à 1I & 5N,

& des points 6 & 13 tirez des lignes aux points de diſtance F & G
qui ſe couperont ſur les lignes fuyantes 1 E, 5 E aux points 5 & n:
faites encore la même choſe ſur les points 2 & 4 provenants de L
& M, c'eſt-à-dire, faites 2-8 de part & d'autre égales à 2 L, & 4-7
pareillement de part & d'autre égales à 4 M, & des points 7 & 8
tirez aux points de diſtance les diagonales 8 G & 7 F; & à l'endroit
où elles ſe couperont ſur les fuyantes 2 E & 4 E, marquez les points
l & m.

Enfin ſi par les points du tableau h, j, l, m & n vous tirez les
droites h j, l j, l m, m n, & n h vous aurez en racourci le pentagone
du plan geometral, ce qu'il falloit faire.

Il n'étoit pas neceſſaire de marquer ſur la ligne horiſontale F G
deux points de diſtance, comme nous l'avons déja dit ci-deſſus, il
ſuffiſoit de l'un ou de l'autre, & nous ne l'avons fait que pour donner plus de jour à cette pratique : ainſi nous ne nous ſervirons dé-
ſormais que d'un ſeul point de diſtance, comme on le peut voir
dans la planche II. figure 6. où il n'y a plus qu'un point de diſtance
marqué de la lettre F, & où le point de vûe E n'eſt plus dans le
milieu du tableau, ce qui ne fait point de difficulté, les points h,
j, l, m, n, o du plan racourci ſe trouvans par la même methode
que dans la figure precedente.

Car ſoit le plan geometral H I L M N O P Q à mettre en racourci,
ſi des points H, I, N & O vous tirez au point de vûe E, les fuyantes
H E, I E & les autres, & qu'en ſuite vous faſſiez O 8 égale à O Q,
& que du point 8 vous tiriez au point de diſtance F la droite 8 F,
elle coupera la fuyante O E au point q, par lequel ſi vous menez
la ligne q p parallele à la ligne de terre juſqu'à ce qu'elle coupe la
fuyante H E au point p : il n'y a plus qu'à faire N 9 égal à N M; &
après avoir tiré la droite 9 F qui coupera la fuyante N E au point
m; ſi du point m vous tirez m l parallele à A B juſqu'à ce qu'elle
coupe I E au point l, vous aurez ſur le tableau le plan racourci
H p, q. O N, m, l, I H : où vous obſerverez ce que nous avons dit
dans les remarques precedentes, que les lignes du plan geometral
qui ſont perpendiculaires au tableau ou à la ligne A B tendent au
point de vûe, & que celles qui ſont paralleles au même tableau
dans le plan geometral ſont auſſi paralleles à la même A B dans le
pan racourci.

Si dans la même figure on vouloit mettre le quarré C D R S en
plan racourci, après avoir tiré les perpendiculaires C 1, R 2, D 3, &
S 4 à la ligne A B, & tiré au point de vûe les fuyantes 1 E, 2 E, 3 E,
& 4 E, faites 1-6 égale à 1 C, & du point 6. tirez au point de diſtance la droite 6-F qui coupera la fuyante 1 E au point c; de même
faites 3-5 égale à 3 D, & du point 5 tirez la droite 5 F qui coupera
la

la fuyante 3 E au poind *d* : si par les points *c* & *d* vous tirez la droite *cd*, elle représentera la droite C D du plan geometral. Faites encore 4-7 égale à 4 S, & du point 7 tirez la ligne 7 F qui coupera la fuyante 4 E au point *s*, représentatif du point S du plan geometral : joignez les points *d* & *s* par une ligne droite que vous prolongerez, jusqu'à ce qu'elle coupe la ligne horisontale au point X, qui est le point accidental, où toutes les lignes parallèles à D S du plan geometral doivent aboutir ; auquel par conséquent vous n'avez qu'à tirer du point *c*, la droite *c*X qui sera terminée sur la fuyante 2 E, provenant de R au point *r*. Joignez les points *r* & *s* par la droite *rs*, & vous aurez sur le tableau le plan racourci *c, d, r, s*, du quarré C D R S.

Il faut donc se ressouvenir, que lorsque dans un plan geometral, dont les lignes ne sont point parallèles au tableau comme dans le quarré C S, & que les lignes de ce plan seront parallèles entre elles, comme sont les lignes C R & D S ; alors ces lignes parallèles aboutissent dans le tableau à un point comme X, qui s'appelle comme nous avons dit ci-dessus accidental, comme le point E est le point accidental des lignes H P, & O Q ; ce qui rend la pratique plus courte & plus facile.

Si le plan qu'on propose de mettre en racourci étoit irrégulier, comme dans la Planche III. figure premiere, où le plan geometral H I L M N O P Q, n'a aucun côté ni aucuns angles égaux, il n'y aura pas plus de difficulté ; car nous trouverons toûjours par la même méthode sur les fuyantes tendantes au point de vûe E, les points d'intersection H, *i, l, n, m, o, p, q*, qui donneront en racourci sur le tableau ce même plan geometral.

On se servira encore de la même méthode pour mettre un cercle en perspective, en le divisant en autant de parties égales qu'on voudra, comme dans la Planche III. fig. 2. en huit, au point H, I, L, &c. desquels après avoir tiré des perpendiculaires sur la ligne de terre A B, & fait le reste comme ci-dessus, on fera passer par les mêmes points du plan racourci la ligne elliptique *h, i, l*, &c. qui représentera le cercle du plan geometral, & qui est toûjours une ellipse, lorsque la section du cône visuel, qui est le tableau, n'est pas parallele à sa base, hors dans quelque cas particuliers qui ne sont point de pratique.

Cette opération sera d'autant plus juste, que le cercle du plan geometral aura été divisé en un plus grand nombre de parties.

Le point de distance est quelquefois si éloigné, qu'il ne peut se mettre dans l'étendue du tableau, auquel cas nous donnerons la pratique suivante, qui est tirée du cinquiéme Theorême de cette premiere Partie.

F

SECONDE PRATIQUE.

Le point de vûe étant donné, mettre toutes fortes de Plans en Perspective, lorsque le point de distance étant trop eloigné, ne peut être marqué dans l'étendue du Tableau.

SOit (dans la Planche III. figure 3.) le tableau A F, dans lequel il s'agit de mettre en racourci le plan geometral I L M N O P Q, qu'on marquera fous la ligne de terre à l'ordinaire. Le point de vûe fera au point E fur la ligne horifontale E F : mais le point de diftance étant à douze pieds du tableau, & la ligne E F n'ayant que fix pieds de longueur, par fuppofition, qui en eft la moitié ; on voit bien que ce point de diftance ne peut fe rencontrer dans le tableau : il faut donc en ce cas prendre le point F pour le point de diftance ; & après avoir tiré de tous les points du plan geometral des lignes perpendiculaires à la ligne de terre A B, & des points où elles fe terminent fur A B des fuyantes au point E, comme dans la premiere pratique : alors au lieu de prendre toute la perpendiculaire 2 O, & de la rapporter fur la ligne de terre A B, du point 2 au point 4, il ne faut prendre que la moitié de la ligne 2 O qui fera 2-1, que l'on mettra fur la ligne A B du point 2, au point 3, parce que E F n'eft que la moitié de la diftance de l'œil au tableau. Si vous tirez du point 3 au point F la ligne 3 F, elle coupera la fuyante 2 E provenant de O N au point *o*, repréfentatif du point O du plan geometral.

Vous aurez les autres points *n, m, l,* &c. par la même méthode ; comme fi vous voulez trouver le point *n*, vous ne prendrez que la moitié de la perpendiculaire 2 N qui fera 2, 5, que vous porterez avec le compas du point 2 au point 6. Si du point 6 vous tirez la ligne 6 F, elle coupera la fuyante 2 E au point *n*, qui fera le point que l'on cherche, & ainfi des autres ; & vous aurez fur le tableau tout le plan geometral en racourci.

J'ai dit que cette Pratique eft fondée fur le cinquiéme Theorême de cette partie : en effet, fi vous prolongez la ligne horifontale E F du côté de G, & la ligne 4, *o*, jufqu'à ce qu'elle rencontre la ligne horifontale au point G ; il eft certain, par ce Theorême, que E F fera à F G, comme 2-3 eft à 3-4 ; mais 2-4 qui a été faite égale à 2O, a été partagée en deux également au point 3, puifque 2-3 eft égale à 2-1, moitié de 2O : donc F G fera auffi égale à E F, & par confé-quent le point *o*, fera toûjours le même, foit qu'on fe ferve du point

F suivant cette derniere Pratique, ou que l'on ait recours au vrai point de distance qui seroit le point G.

Si le point de distance étoit éloigné de dix-huit pieds du point de vûe, il ne faudroit prendre que le tiers de la ligne 2O, & de toutes les autres perpendiculaires du plan geometral, & le rapporter sur la ligne de terre, ce qui est si facile, que je ne m'y arrêterai pas davantage.

TROISIEME PRATIQUE.

Du Carrelage.

QUoique cette Pratique soit plus méchanique que les autres, & qu'en cela elle leur soit beaucoup inférieure, elle ne laisse pas d'être plus facile & plus commode, parce qu'elle paroît moins embarrassante sur-tout à ceux qui n'ont qu'une legere teinture des Mathématiques, & qu'on n'est point obligé de tirer une quantité ennuyeuse de lignes, ainsi que vous l'allez voir.

Soit (dans la Planche IV. figure premiere), le quarré A B C D dans lequel on doit avoir tracé le plan geometral des objets que l'on veut mettre en perspective, tel qu'est le plan H I K L, &c. soit A B la ligne de terre du tableau, F G sera la ligne horisontale, le point de vûe E, & F le point de distance. Il faut d'abord mettre le quarré A D en perspective par la premiere Pratique, qui sera le trapeze A-7-8-B.

Cette préparation ainsi faite, divisez les côtez du quarré A D en tant de parties égales qu'il vous plaira, comme ici en huit, qui seront si vous voulez autant de toises, & par tous les points de division tirez des lignes paralleles aux côtez de ce quarré; elles le diviseront en soixante & quatre petits quarrez égaux.

Secondement des points de division du côté A B, tirez des lignes fuyantes au point de vûe E, comme 1 E, 2 E, 3 E, &c.

Troisiémement, tirez du point B au point 7, la diagonale B 7, elle coupera les fuyantes 1 E, 2 E, &c. & les autres aux points a, b, c, d, e, &c. par lesquels si vous tirez des paralleles au côté A B, le trapeze A 7-8-B se trouvera divisé en soixante & quatre petits trapezes, qui seront les plans racourcis de ceux du plan geometral.

Enfin, marquez sur ce plan perspectif, la figure du plan geometral, en faisant passer chaque angle & chaque côté de cette figure sur les angles ou côtez des petits quarrez perspectifs répondans à ceux du plan geometral, & vous trouverez que les points h, j, l,

m, n, o, &c. repréfenteront parfaitement ceux du plan geometral, qui font dans le grand quarré A D.

Il eft aifé de voir que cette Pratique eft un peu défectueufe, lorfque les angles ou côtez de la figure du plan geometral, comme P & O, ne fe rencontrent pas précifement aux points d'interfe-ction des petits quarrez ; car dans ce cas on eft obligé de s'en rap-porter à la vûe, & de marquer ces points p & o, autant jufte qu'il eft poffible dans les trapezes qui leur répondent ; mais malgré ce défaut, cette Pratique ne laiffe pas d'être fort en ufage, principa-lement parmi les Peintres : & il faut convenir que l'erreur ne peut être confidérable, lorfqu'on opere avec toute la précifion néceffaire.

Il n'eft pas même impoffible de marquer les points p & o avec la plus jufte exactitude ; car fi vous divifez la ligne 9-11 d'un des petits quarrez 9-10 en fix parties égales, qui feront alors des pieds, le petit quarré 9-10 fe trouvera partagé en trente-fix autres petits quarrez égaux, & vous aurez la mefure exacte de la ligne 10-x fur le plan geometral que vous trouverez de la même maniere fur le plan per-fpectif, ou petit quarré, l-10 qui lui répond, dont il faudra divi-fer la bafe l 11 en fix parties auffi égales ; & après avoir tiré la dia-gonale 11-9, & les fuyantes paffant par les divifions du côté l-11, celles-ci couperont la diagonale 11-9 en des points, par lefquels fi vous tirez autant de paralleles à la ligne de terre A B, le petit quarré perfpectif 9-11 fe trouvera pareillement divifé en trente-fix au-tres petits quarrez, répondans à ceux du plan geometral ; ce qui nous donnera la jufte pofition du point x, & de fes femblables.

Si on vouloit marquer d'autres petits trapezes dans toute l'éten-due du tableau, ainfi qu'on le voit dans la même figure, il n'y a qu'à prolonger la ligne 7-8 de part & d'autre, & porter de cha-que côté une des huit parties aufquelles la même 7-8 fe trouve di-vifée par les fuyantes 1 E, 2 E, 3 E, &c. car vous aurez les points 13, 14, 15, 16, &c. par lefquels fi vous tirez d'autres fuyantes au point de vûe E, elles divieront le refte du tableau en d'autres tra-pezes, qui étant vûs du point de la ftation, paroîtront autant de quarrez égaux entre eux ; ce qui donne une très-grande facilité pour trouver tout d'un coup la pofition de quelque corps que ce foit, fans le fecours du plan geometral, fur-tout fi ces quarrez, font d'une mefure déterminée, comme d'un pied ou d'une toife, ce qui eft fi aifé de comprendre par la figure, que nous ne nous y arrêterons pas davantage.

Si on vouloit pouffer cette divifion plus plus loin, & faire paroî-tre dans le fond du tableau un autre grand quarré égal au premier A D, divifé en foixante & quatre autres petits quarrez égaux aux premiers, vous n'avez qu'à tirer du point 8, la ligne 8 F, qui coupera

pera la fuyante A E au point 20: car si du point 20 vous tirez une parallele à la ligne de terre A B, vous aurez le plan racourci du grand quarré que nous cherchons, dans lequel si vous tirez la diagonale 8-20, elle coupera les fuyantes prolongées 1 E , 2 E, & les autres en des points, par lesquels si vous tirez autant de paralleles à la ligne de terre A B, elles donneront dans le trapeze 7-8-20, soixante & quatre autres petits trapezes, qui étant regardez du point de station, paroîtront égaux aux autres, & dans lesquels vous pourrez disposer toutes les figures qu'il vous plaira.

REMARQUE.

C'est encore sur cette derniere Pratique, qu'est fondée la maniere ingénieuse de faire des figures d'optique, dont l'effet est de faire paroître une figure difforme dans sa véritable proportion, lorsqu'on la regarde du point de vûe, qui a été choisi par le Peintre, comme est le Saint Jean dans le desert du Cloître supérieur des Minimes de la Place Royale. Je crois qu'on ne sera pas fâché d'en avoir ici l'explication, d'autant que c'est un des plus beaux effets de l'Optique.

QUATRIEME PRATIQUE.

D'écrire le long d'un mur, ou sur un Plan horisontal, une figure difforme qui paroisse reguliere, étant regardée d'un point déterminé.

SOit (dans la Planche I V. fig. 2.) le quarré A B C D, dans lequel on doit avoir peint ou dessiné fort exactement la figure qu'on veut rendre difforme, pour être vûe à un certain point seulement dans sa véritable proportion ; cette figure doit être dessinée avec toute la justesse possible, si l'on veut réussir ; car c'est de-là que dépend l'effet qu'on se propose.

Il faut en premier lieu partager ce quarré en plusieurs petits quarrez égaux, comme ici en trente-six, en tirant de chaque point de division de ses côtez des lignes qui leur soient paralleles.

Secondement, soit tracé le parallelogramme G H M N (de la Planche I V. fig. 3.) le long du mur sur lequel on veut représenter la figure dessinée sur le quarré A D, il faut diviser l'un de ses côtez comme M N, en autant de parties égales, qu'un des côtez du quarré A D, c'est-à-dire, en six parties aux points O,P,Q,R,S ;

G

& après avoir divisé le côté G H en deux parties égales, au point E tirez de ce même point E des lignes droites aux points O, P, Q, R, S.

On doit remarquer, qu'il faudra que l'œil soit placé directement, & deniveau à ce point E, & dans une ligne perpendiculaire au mur, de la distance E F prise à volonté : mais il faut remarquer, que moins on donnera de longueur à la ligne E F, ou ce qui est la même chose, moins l'œil sera éloigné du mur, & plus le quarré qui renfermera le tableau paroîtra difforme, ce qui doit causer plus de surprise, pourvû qu'il n'y ait point d'excès. Alors si du point F vous tirez au point N la ligne F N, elle coupera la droite M E au point I, la droite O E au point 5; la droite P E au point 4; la droite Q E au point 3; la droite R E au point 2, & la droite S E au point 1.

Enfin, si par les points I, 1, 2, 3, 4, 5 vous tirez des paralleles au côté N M, comme sont les lignes 1 L, 6-7, 8-9, &c. le plus grand trapeze M N I L se trouvera divisé en trente-six autres petits trapezes ; lesquels regardez de l'œil placé où nous avons dit, paroîtront autant de petits quarrez égaux, sur lesquels il n'y a plus qu'à transporter les mêmes traits de la figure dessinée sur le quarré A D, en observant les endroits par où ils passent ; & vous aurez dans le trapeze M N I L une figure difforme, laquelle paroîtra réguliere & semblable à celle du quarré A D, lorsqu'elle sera vûe de l'œil placé comme nous l'avons dit ci-dessus.

On pourroit trouver quelque difficulté dans l'execution de cette Pratique, si on vouloit la faire en grand, comme est le Saint Jean représenté le long du mur du Cloître supérieur des Minimes de la Place Royale, qui en contient toute la longueur.

Soit, par exemple, (dans la Planche V I I I. fig. 2. de la seconde Partie), le mur F G H I, que je suppose être le long côté d'une galerie, sur lequel on veut représenter le tableau difforme, qui étant vû de l'œil placé à la hauteur du point L, & éloigné de ce mur de la distance L E, paroîtroit dans sa proportion naturelle, & semblable à l'original : la ligne H I est la section du plancher ou pavé de cette galerie, & la ligne F G représente celle de son plafond ou plancher supérieur.

Comme dans l'exposition de cette figure on suppose que la droite L E marque la distance de l'œil au mur F G H I ; & que pour marquer les trente-six trapezes irréguliers, renfermez dans le grand trapeze A B C D, il faut comme nous l'avons enseigné ci-dessus, tirer la ligne E B : on se trouveroit fort embarrassé dans ce cas, puisque le plancher F G empêche qu'on ne puisse élever la perpendiculaire L E, aussibien que la diagonale B E. Voici donc ce qu'il faudroit faire.

Après avoir marqué sur le mur le triangle A B L, comme à l'ordinaire, tirez du point B la ligne B N perpendiculaire à A B, ou

parallele à F G, qui se termine au point N de la ligne E L N, prolongée jusqu'en N. Partagez la ligne B N en deux parties égales au
point M, & de ce point M élevez la perpendiculaire M O égale à
N P, moitié de E N, qu'il sera facile de trouver, en faisant à part
une ligne égale à L N & L E jointes ensemble, dont on prendra la
moitié : vous n'aurez plus qu'à tirer par les points B & O, la ligne
B O, qui étant prolongée rencontreroit la ligne N E au point E.
Et c'est de cette maniere qu'on pourra se passer de ce point E dans
tous les cas, où l'on rencontreroit la même difficulté.

La preuve en est fort aisée; car dans le triangle B O M, les deux
angles O M B & M B O sont égaux aux deux angles E N B & N B E
du grand triangle B E N, puisque les angles O M B & E N B sont
droits par la construction, & que l'angle E B N est commun aux
deux triangles; donc l'angle B O M sera aussi égal à l'angle B E N.
Donc ces deux triangles seront équiangles, & par conséquent le
côté B N sera au côté N E du grand triangle B E N, comme le côté
B M est au côté M O du petit triangle B O M, de même la ligne
B O sera à O E, comme B M est à M N; & de cette maniere B E se
trouvera partagée en deux également au point O, & la ligne B O
étant prolongée du côté de E, la ligne N E se trouvera double de
la ligne M O : ce qu'il falloit démontrer.

On peut voir qu'il y a de grandes differences entre cette derniere
espece de Perspective & les autres, dont nous avons parlé dans les
Pratiques précédentes : je n'en marquerai ici que trois principales,
qui en feront connoître le mystere.

La premiere est, que dans la Perspective ordinaire, le tableau
qui doit recevoir le sujet est toûjours entre l'œil de celui qui le regarde, & la chose qu'on veut représenter; au lieu que dans celle-
ci le sujet & la chose même, est censée devoir être entre l'œil & le
Tableau Perspectif sur lequel on veut rendre le sujet difforme.

Pour rendre ceci plus intelligible, il faut regarder la Planche
IV. fig. 4. dans laquelle l'œil étant placé au point E, peut voir
par une ouverture faite dans le mur A B aux points 1 & 2, tous les
objets qui sont par de-là le mur A B. Si l'on veut faire un tableau
de la grandeur de cette ouverture 1-2, sur lequel on rapporte les mêmes objets qu'on voyoit par cette ouverture du même point E, ce
tableau se fera suivant les regles ordinaires de la Perspective, où l'on
voit qu'il se trouve entre l'œil placé au point E, & tous les objets
qui sont renfermez dans le trapeze 1-2-C D. Au contraire si l'on suppose que l'œil placé au point F regarde par une une ouverture 3-4
faite dans le même mur A B. Un tableau qui seroit figuré le long du
mur B D, entre les points 5 & 6, qui proviennent des rayons visuels F 5 & F 6, il est aisé de voir que le vrai objet ou la chose même

que l'on veut rendre difforme, doit être placée au moins par la pen-
fée fur l'ouverture 3-4, afin que l'œil placé au point F rapporte
tous les points qui y font tracez, & qu'on fuppofe tranfparans fur
le grand tableau compris entre les points 5 & 6.

La feconde difference eft, que dans la Perfpective ordinaire ;
l'axe vifuel de la pyramide coupe toûjours le plan du tableau à angles
droits, ce qu'on doit avoir remarqué dans toutes les Pratiques précédentes, comme on le voit encore ici par la ligne EH perpendiculaire à AB : mais dans ce dernier exemple la pyramide vifuelle
eft fort oblique, & fon axe FI fait des angles bien inégaux fur la
bafe 5-6 : & c'eft cette grande obliquité qui fait paroître le tableau
difforme lorfqu'on le regarde en paffant le long du mur BD : mais
fi l'œil fe met au point E, il verra tout ce qui eft repréfenté fur le
tableau 5-6 dans fa proportion naturelle, & de la même maniere
qu'il le verroit, fi la chofe même étoit exactement deffinée fur
l'ouverture 3-4.

Enfin, la derniere difference vient de ce que dans cette Pratique, les parties les plus éloignées du point de vûe font beaucoup
plus grandes que celles qui font fur le devant du tableau, comme
on peut le voir dans la Planche IV. fig. 3. où le trapeze L 16-7,
qui eft le plus proche du point de vûe, eft le plus petit de tous, ce qui
n'arrive pas dans la Perfpective ordinaire, où les figures diminuent
à mefure qu'elles paroiffent s'enfoncer dans le tableau.

Comme ces Tableaux d'optique ne fçauroient manquer de fur-
prendre agréablement, lorfqu'ils font bien executez, & qu'on peut
les regarder comme un prodige de l'art, j'en donnerai ici une feconde Pratique auffi differente de la precedente, qui eft celle dont on fe
fert ordinairement, que je la crois fupérieure & plus parfaite, comme j'en laiffe à juger à ceux qui voudront en faire l'expérience.

Tirez d'abord (dans la Planche V. fig. premiere) la ligne AB
de telle grandeur que vous voudrez, & proportionnée à l'étendue
du tableau, fur laquelle vous menerez de part & d'autres les perpendiculaires CAD & GBF.

Après avoir déterminé de quel côté vous voulez qu'on voie le
tableau, comme du côté de B, faites fur la perpendiculaire CD
les deux parties AC & AD égales, & de telle grandeur qu'il vous
plaira ; & après avoir fait du point B fur la perpendiculaire GF les
portions BE & BF, chacune d'une feptiéme partie de la toute CD,
tirez les lignes CE & DF : faites enfuite BG de la hauteur que
vous jugerez à propos, & de maniere que l'éloignement de l'œil au
plan du tableau foit marqué par la diftance BG.

Menez une ligne droite de A à G, & faites l'angle AGH égal à
celui que feroient les côtez CE & DF, s'ils étoient prolongez par
de-là

de-là le point B, ce que vous trouverez facilement, fi du point D vous tirez la droite D I parallele à A B ; car fi du point D & à quelle diftance il vous plaira, vous décrivez l'arc K L, & que du point G & de la même ouverture du compas, vous décriviez pareillement l'arc M N double de l'arc K L, l'arc M G N fera celui que vous cherchez. Alors par le point H auquel G H coupe la ligne A B, tirez la perpendiculaire O P fe terminant fur les lignes C E, & D F.

Il faut enfuite divifer la ligne C D en tant de parties égales qu'il vous plaira, comme je l'ai fait ici en quatre, pour abreger & divifer pareillement la ligne O P en autant de parties, que vous joindrez par des lignes, comme on le voit dans la figure.

Enfin divifez Q R en autant de parties que la ligne O P ; c'eft-à-dire en quatre, & par les points de divifion 5-6 & 7, tirez du point G des lignes jufqu'à ce qu'elles touchent la droite A B aux points 1-2-3 : fi par ces points 1-2-3, vous tirez des lignes perpendiculaires à A B, elles partageront le grand trapeze C O P D en feize autres, lefquels repréfenteront des quarrez parfaits, étant vûs vis-à-vis le point B & la diftance B G, fur lefquels il n'y aura plus qu'à transporter les parties du fujet divifé en autant de quarrez, de la même maniere qu'on l'a fait dans la Pratique précédente.

Quelques perfonnes curieufes m'ont prié de donner encore les deux Pratiques fuivantes, qui ne laifferont pas de faire plaifir, quoiqu'elles fe trouvent dans d'autres Auteurs.

CINQUIEME PRATIQUE.

Décrire fur la furface convexe d'un cône une figure difforme, qui paroiffe réguliere étant regardée d'un point pris à volonté.

CE Problême fe trouve dans le *Thaumaturgus-Opticus* du Pere Niceron; mais comme il m'a paru d'une pratique affez difficile, je lui ai préféré la fuivante comme plus aifée, & également fûre.

Il faut (dans la Planche VI. figure premiere) décrire le cercle A C E G égal à la bafe du cône fur lequel on veut marquer la figure difforme. Vous partagerez enfuite la circonference de ce cercle en huit parties égales aux points A, B, C, D, E, &c. fi le côté du quarré de la figure originale que l'on veut rendre difforme a été divifé en huit parties égales, & de chaque point de la circonference A, B, C, D, &c. tirez au centre I les lignes A I, B I, C I, & les autres.

H

2°. Divisez le demi diamêtre A I en quatre parties égales aux points
1·2·3, & du centre I tirez par ces points autant de cercles concentriques, & le cercle ACEG se trouvera divisé en soixante & quatre
parties, de même que le quarré sur lequel la figure originale a été
dessinée se trouve partagé en soixante & quatre petits quarrez : ces
soixante & quatre espaces du cercle ACEG serviront à défigurer
sur la surface convexe du cône l'image originale, quand cette surface aura été divisée en un même nombre de parties, comme vous
l'allez voir.

3°. Tirez à part la ligne N P égale à A E, diamètre de la base du
cône proposé : & l'aiant divisé en deux également au point O, élevez
de ce point la perpendiculaire O L, sur laquelle vous ferez O M
égale à la hauteur du cône, & joignez les droites M N & M P qui
représenteront les côtez de ce cône, si on l'avoit coupé par le milieu
de son axe O M, & perpendiculairement à sa base N P.

4°. Prenez sur la ligne O L le point L à volonté, aussi éloigné du
point M que vous souhaitez que l'œil le soit de la pointe du cône
figurée par ce point M : divisez ensuite O P en quatre parties égales aux points 4·5·6, de même que vous avez divisé A I, son égale
aux points 1·2·3, & par ces points de division, tirez au point L les
droites 4 L, 5 L, & 6 L ; elles couperont le côté M P aux points 9·8,
& 7.

5°. Mettez la pointe du compas sur la pointe du cône représenté
par le point M, & des intervalles 7·8 & 9, décrivez autant de cercles concentriques, qui seront parallèles à la base du cône, représentée par le cercle A C E G.

Enfin des points A,B,C,D,E,F,G & H marquez sur la base circulaire du cône, tirez à son sommet M autant de lignes, & toute
la superficie extérieure du même cône se trouvera divisée en soixante
& quatre parties qui iront toûjours en diminuant, & qui représenteront les soixante & quatre petits quarrez de la figure originale
que vous rendrez difforme, de la même maniere qu'il a été pratiqué
dans la Planche IV. fig. 2.

Alors si l'œil est placé au point L éloigné de la pointe du cône,
de la distance L M, & suivant la direction de la ligne L O, il verra
la figure difforme dans sa véritable proportion, & semblable à celle
de l'original.

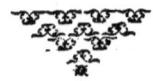

SIXIEME PRATIQUE.

Décrire sur un plan parallele à l'horison, une figure difforme qui paroisse dans sa juste proportion, étant regardée sur la surface convexe d'un Miroir cylindrique, & vue par réflexion d'un point déterminé.

QUoique cette Pratique n'appartienne point à la Perspective directe, & qu'elle dépende plûtôt de la Catoptrique, dont nous avons dit que nous ne parlerions point dans ce Traité, cependant comme elle est très-curieuse, & qu'elle cause beaucoup de surprise à ceux qui en voient les effets, je crois qu'on la recevra avec d'autant plus de plaisir, que les pratiques les plus extraordinaires de l'optique se trouveront par ce moyen renfermées dans cet ouvrage, sans qu'on soit obligé de chercher dans d'autres Livres ce qui pourroit manquer à l'entiere curiosité des amateurs de cet Art.

On renfermera d'abord dans un quarré, comme *a*, *b*, *c*, *d*, la figure bien dessinée que l'on veut rendre difforme, comme on le peut voir dans la Planche VI. fig. 2. J'ai divisé ce quarré en trente-six autres, en partageant chacun de ses côtez en six parties égales: ces petits quarrez serviront à transporter la figure originale sur autant de quarrez difformes qu'il faut décrire sur le plancher ou table qui portera la base du miroir cylindrique, comme nous l'allons voir.

La base du miroir cylindrique est représentée par le cercle ABDC, dont le centre est E. Supposons premierement que l'œil soit placé dans l'aplomb du point H, & éloigné du cylindre de la distance HD: cette distance est arbitraire, & est plus ou moins grande, suivant la grandeur du miroir cylindrique: nous l'avons ici trop approchée, à cause du peu d'espace, ce qui ne change rien à la Pratique. Vous tirerez par ce point H & par le centre E, la ligne HE, que vous partagerez en deux parties égales au point *n*, duquel comme centre & de l'intervale *n*-E, vous décrirez l'arc de cercle BEC, & par les points B & C où cet arc de cercle coupe le cercle BDC, vous tirerez du point H les lignes HBF, & HCG qui toucheront la circonference du même cercle, aux points B & C.

2°. Divisez l'arc BEC en six parties égales aux points MNEQR, auxquels vous tirerez du point H les lignes HM, HN, HQ, & les autres: ces lignes couperont le cercle BDC aux points OIDL & P, desquels vous tirerez les lignes OS, IT, LV & PX, ce que vous ferez en cette maniere. Pour tirer la ligne IT, faites l'angle de réfléxion OIT égal à l'angle d'incidence LIH: de même pour avoir la ligne LV, faites l'angle de réfléxion PLV égal à l'angle d'incidence I L H, & vous aurez les lignes I T & L V : vous pourrez par la même methode trouver les lignes OS & PX, en faisant l'angle de réfléxion C P X égal à l'angle d'incidence P L H, &ainsi du reste.

Il ne reste plus qu'à trouver les points sur les lignes C G, PX, L V & les autres, par lesquels il faudra faire passer les lignes courbes qui doivent partager ce plan horisontale en trente-six parties : pour y parvenir, tirez premierement par le point D du cercle BDC la ligne 7-8 perpendiculaire à EH, & finissant aux points 7 & 8, ausquels elle coupe les lignes H B & H C : tirez ensuite du point C la ligne C-6 perpendiculaire à H G & égale à 7-8, que vous partagerez en six parties égales aux points 1-2-3-4-5, comme 7-8 se trouve partagée à peu-près en six parties égales, ce qui ne peut faire d'erreur ; tirez ensuite du point H la ligne H-19 parallele à C-6, & faites H-19 égale à la hauteur ds l'œil ; si vous mettez une regle sur les points 19 & 6, elle donnera sur la ligne HG le point G : faites la même chose en appliquant toûjours la regle au point 19, & successivement aux points 5-4-3-2-1 de la même ligne C-6, & vous aurez sur la ligne H G les points 12-11-0-10 & 9, que vous reporterez avec une égale distance de l'autre côté sur la ligne B F.

On fera la même chose pour avoir les divisions sur la ligne PX, c'est à dire qu'au point P, vous tirerez la ligne P-6 perpendiculaire à HR, & égale à la ligne 7-8, qu'il faudra diviser pareillement en six parties égales aux points 1-2-3-4-5, & après avoir tiré la ligne H20 parallele à P-6, & égale à la hauteur de l'œil au dessus du plan horisontal, vous n'aurez qu'à appliquer la regle sur le point 20, & successivement sur les points 6-5-4-3-2-& 1 de la ligne P-6, & ils donneront sur la ligne H P R prolongée les points 18-17-16-15-14 & 13, que vous reporterez sur la ligne P X, en faisant P X égale à P-18, & ainsi des autres.

Comme la pratique est toûjours la même, je ne m'arrêterai pas davantage à montrer comme on peut trouver les divisions des lignes L V, D H, & des autres, ce seroit douter de la capacité des Lecteurs.

On fera passer par tous ces points trouvez des lignes courbes qui approchent assez de la circulaire, mais dont les centres ne sont pas les mêmes, quoi qu'ils se rencontrent tous dans la ligne EH, & le plan horisontal renfermé entre les lettres B,F,S,T,H,V,X,G & C, se trouvera divisé en trente-six quarrez difformes, sur lesquels on transportera tous les traits de la figure originale de la maniere que nous l'avons dit cy-dessus, en observant l'ordre marqué dans les deux figures par les lettres f-g-h, i-l-m, car autrement la figure paroîtroit renversée.

On verra pour lors un des plus beaux effets de l'optique ; car l'œil étant placé sur le point H à la hauteur H-19, on sera surpris de
voir

t

voir dans le miroir cylindrique une figure bien proportionnée, qui
y fera réfléchie d'après les traits difformes du plan horifontal qui
eſt au pied du cylindre.

Il eſt bon de faire remarquer que le point H que nous pouvons
regarder comme le point de ſtation, puiſque nous avons ſuppoſé
que l'œil étoit élevé au deſſus de la hauteur 19, n'eſt pas aſſez éloigné du point D ; on le met ordinairement à un pied de diſtance du
même point D, & même davantage : nous n'avons pareillement
donné à la hauteur de l'œil que la ligne H-19, n'ayant pas aſſez
d'eſpace. Ce point 19 doit être plus élevé que le cylindre même,
afin que l'œil puiſſe mieux voir toutes les parties du plan ſur le
miroir ; ce que l'experience fera mieux connoître que le diſcours :
mais, comme nous l'avons déja dit, cela ne change rien dans la pratique qui eſt toûjours la même.

SEPTIEME PRATIQUE.

*Tracer ſur un Plan incliné à l'horiſon, tel compartiment
qu'on voudra, lequel paroiſſe comme s'il étoit
ſur un Plan horifontal.*

CEtte pratique eſt d'une très grande utilité, & ſur-tout pour
les Theatres, dont l'aire qui n'eſt jamais de niveau, doit être
plus élevé dans le fond que ſur le devant du Theatre, afin que les
Spectateurs puiſſent en voir le pavé, & découvrir par ce moyen ce
qui s'y paſſe juſques dans le fond, les parties enfoncées devenant
par là plus élevées que celles du devant, ce qui donne encore une
plus grande apparence de longueur aux côtez de la ſcene.

Soit A B (dans la planche V. figure 2.) le rez de chauſſée du
Theatre, & A C ſoit la pente qu'on veut luy donner regardée par
le profil. La diſtance du point de vûe juſqu'au devant du Theatre
ſoit L A, & le point de vûe ſoit M élevé au deſſus du rez de chauſſée du Theatre L B de la hauteur L M : ce point de vûe doit être
toûjours vis-à-vis le milieu du Theatre. Tirez du point M la ligne
M C parallele à L B juſqu'à ce qu'elle coupe le plan incliné AC au
point C. Le fond du Theatre ſoit terminé au point D.

Cecy ſuppoſé, faites à part ſur la ligne E F de la figure 3. la longueur E F égale à la largeur du devant du Theatre, & du point O
milieu d'icelle, élevez la perpendiculaire O G égale à la ligne inclinée A C : joignez E G, F G par deux lignes droites, & faites O P
égale à A D : tirez enſuite par le point P la droite H I parallele à
E F, les côtez E H, H I & I F marquent le plan des décorations de
la ſcene, ſuivant leur pente A C, & le trapeze E I le plan incliné
du Theatre, ſur lequel on veut faire des compartimens, qui étant

vûs du point M paroiſſent comme s'ils étoient faits ſur un plan de
niveau tel que le plan A B.

Il y a deux methodes pour y parvenir, dont la premiere eſt de
diviſer A B en tant de parties égales qu'il vous plaira, ſuivant la
grandeur des compartimens qu'on voudra y mettre, comme icy
aux points 1, 2, 3, 4 &c. Diviſez pareillement la droite E F en parties
égales à celles de la ligne A B, aux points 13, 14, 15 & 16, en ſorte que
E 13 ſoit égale à A 1, & ainſi des autres : tirez de tous les points de
diviſion de la ligne A B des lignes droites au point M comme ſont
les lignes 1 M, 2 M, 3 M &c. leſquelles couperont la ligne inclinée
du Theatre A C aux points 7, 8, 9, 10, &c. cette préparation ainſi
faite, il n'y a qu'à prendre la diſtance A 7, ſur la ligne de pente
A C, & la tranſporter ſur O G de O au point 7. Tranſportez de
même la diſtance A 8 ſur la même O G de O au point 8, & ainſi
de toutes les autres, comme A 9, A 10, A 11, &c. qui vous donneront ſur la ligne O G les diſtances O 9 O 10, O 11, &c. ſi par ces
points trouvez, vous tirez des paralleles à E F, elles diviſeront le
trapeze E H I F en pluſieurs autres trapezes, qui étant regardez du
point M paroîtront autant de quarrez égaux, & de même que s'ils
ſe voioient ſur le plan horiſontal A B, quoyqu'ils ſoient ſur un plan
incliné A C.

Ces mêmes paralleles 17-7, 18-8, 19-9 donnent encore ſur les
côtez du Theatre E H & F I la poſition juſte de chacune des parties
ou ornemens qui le compoſent ; car ces côtez ſe trouvent diviſez
en des parties qui paroiſſent égales à celles de la ligne E F quoyqu'elles ſoient inégales entr'elles. Ainſi ſi la longueur E 13 ou 13-14
eſt d'une toiſe, chacune des diviſions de la ligne E H ſera pareillement d'une toiſe comme E 17, 21-22, ce qui fait voir à quelle
diſtance ſur la ligne E H on peut marquer les portes, croiſées,
niches ou pilaſtres que l'on voudra y repreſenter.

La ſeconde methode pour trouver les paralleles 17-7 ou 18-8
dans le triangle E G F, eſt de diviſer comme cy-deſſus la baſe E F
en tant de parties égales qu'on voudra, comme icy en cinq aux
points 13, 14, 15 & 16, deſquelles après avoir pris au point G, qui
ſe prend icy pour le point de vûe, les fuyantes 13 G, 14 G, & les
autres, il faut mener du point G la ligne G R parallele à E F laquelle
repreſente la ligne horiſontale ſur laquelle il n'y aura qu'à marquer
le point de diſtance R qui ſera auſſi éloigné du point G, que le point
M l'eſt du point C : car ſi vous tirez du point E à ce point R la ligne
E R, elle coupera les fuyantes 13 G & les autres en des points, par
leſquels vous n'aurez qu'à tirer des mêmes paralleles qui ſeront les mêmes
que ci-deſſus. L'inſpection ſeule de la figure précedente fera mieux
comprendre la ſuite de cette pratique qu'un plus long diſcours ; &
c'eſt par là que nous finirons cette premiere Partie.

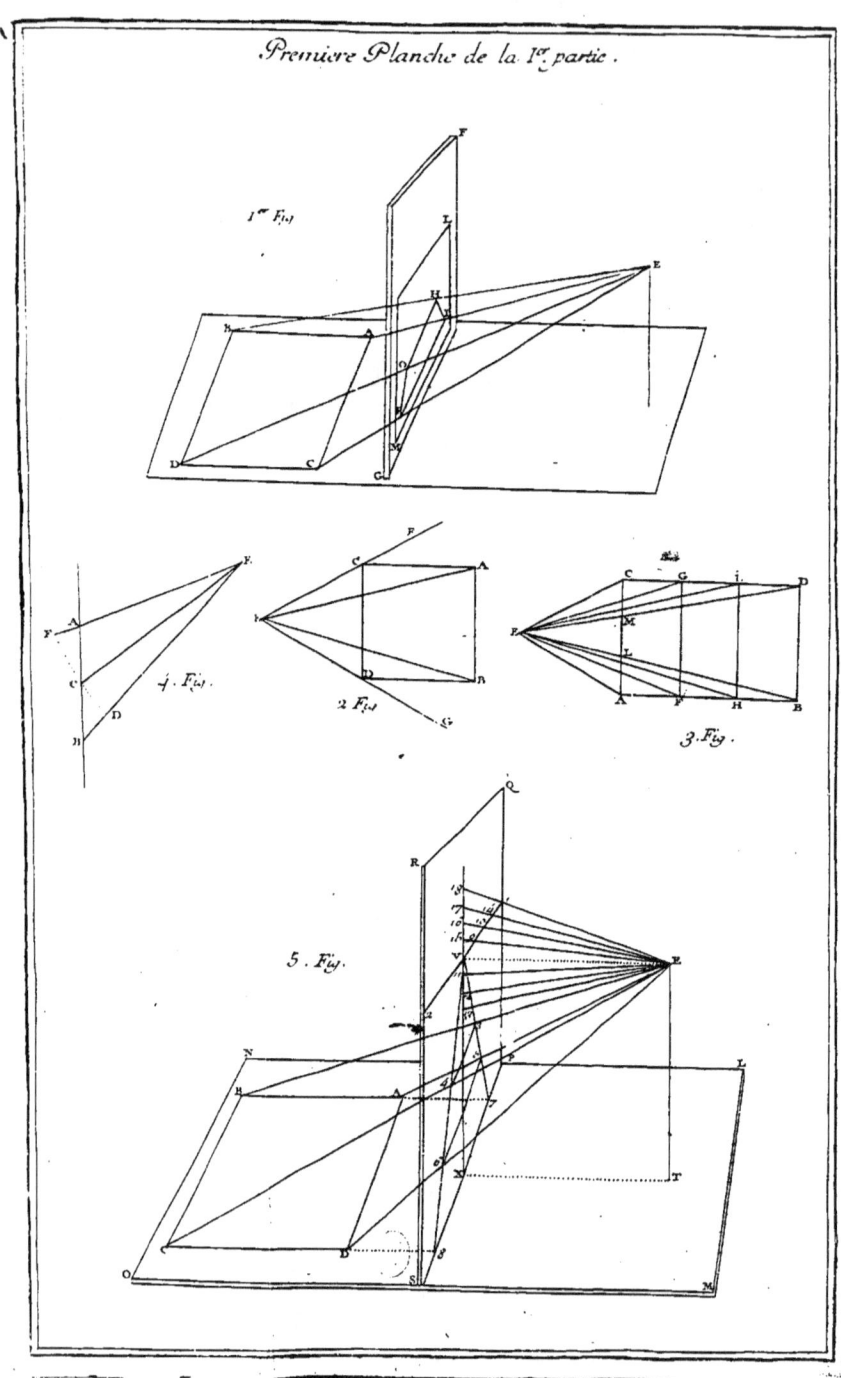

Premiere Planche de la I.re partie.

1.er Fig.

4. Fig.

2 Fig.

3. Fig.

5. Fig.

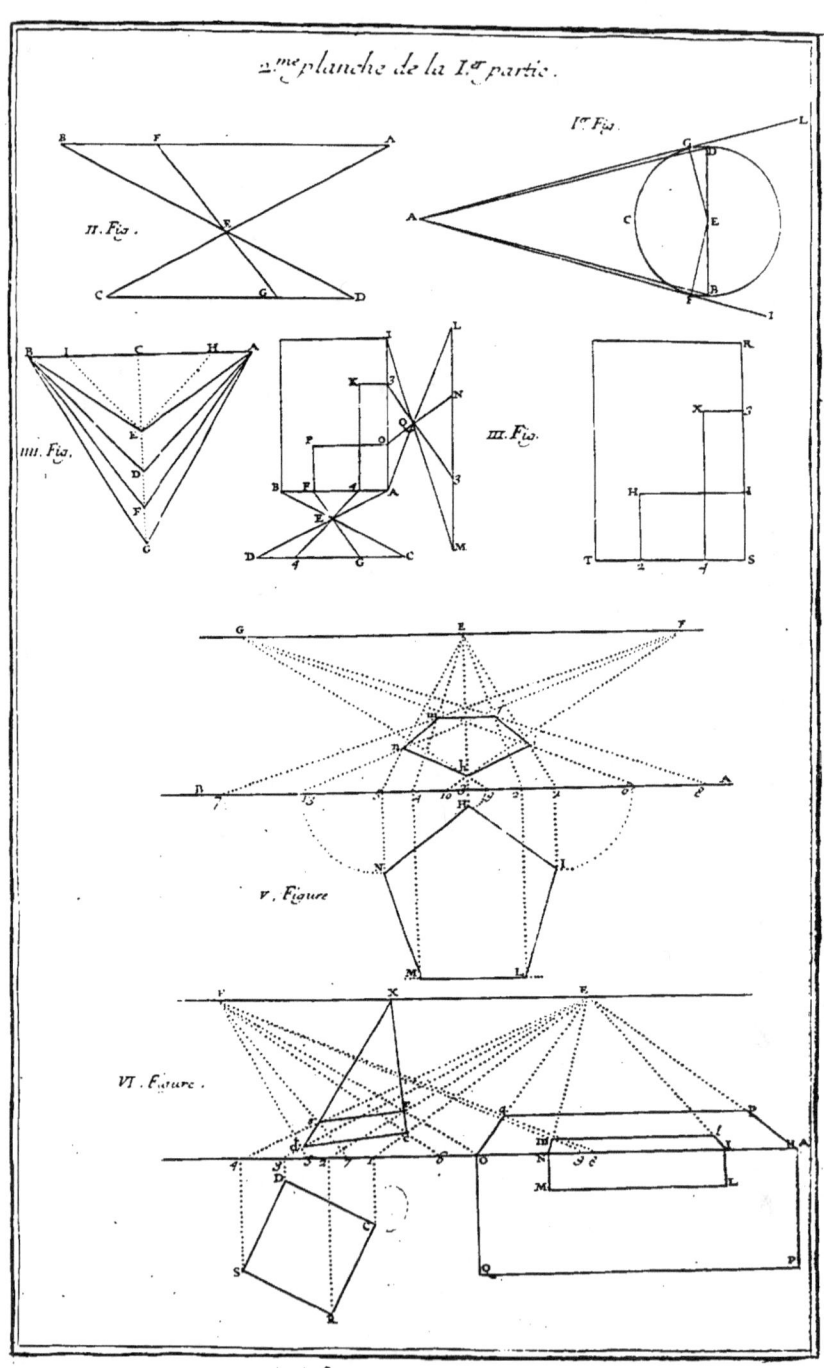

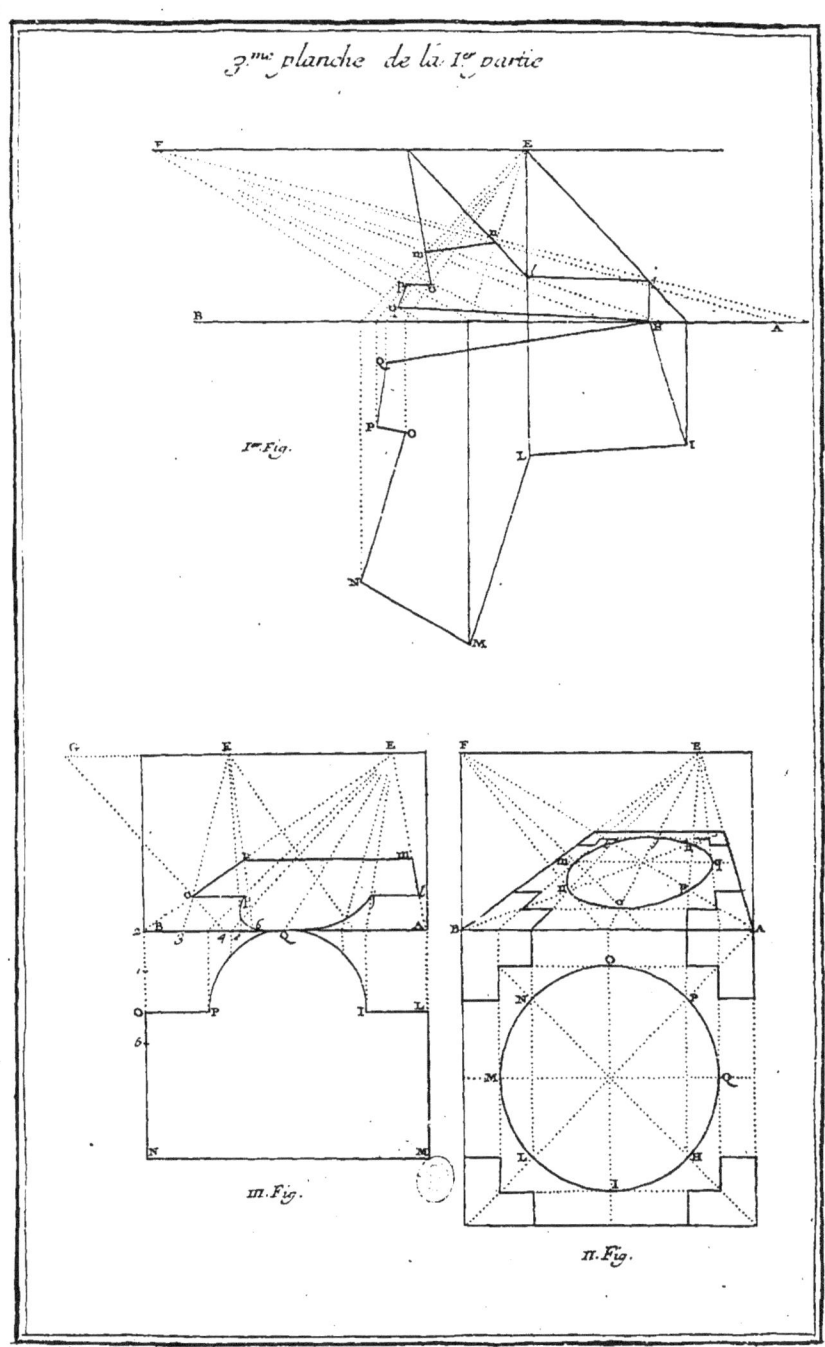

3.ᵐᵉ planche de la 1.ᵉ partie

I.ʳᵉ Fig.

III. Fig.

II. Fig.

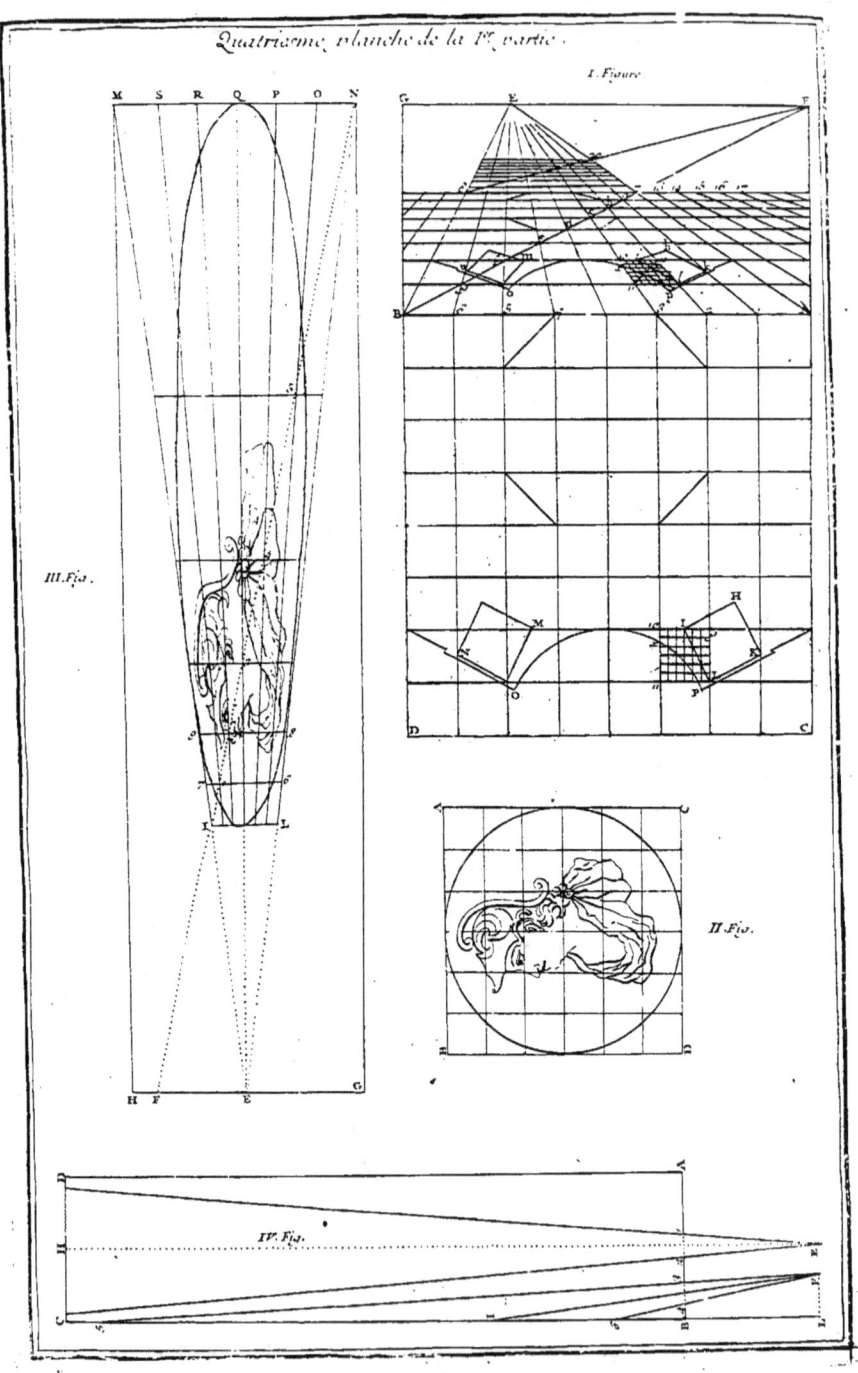

I. Figure.

III. Fig.

II. Fig.

IV. Fig.

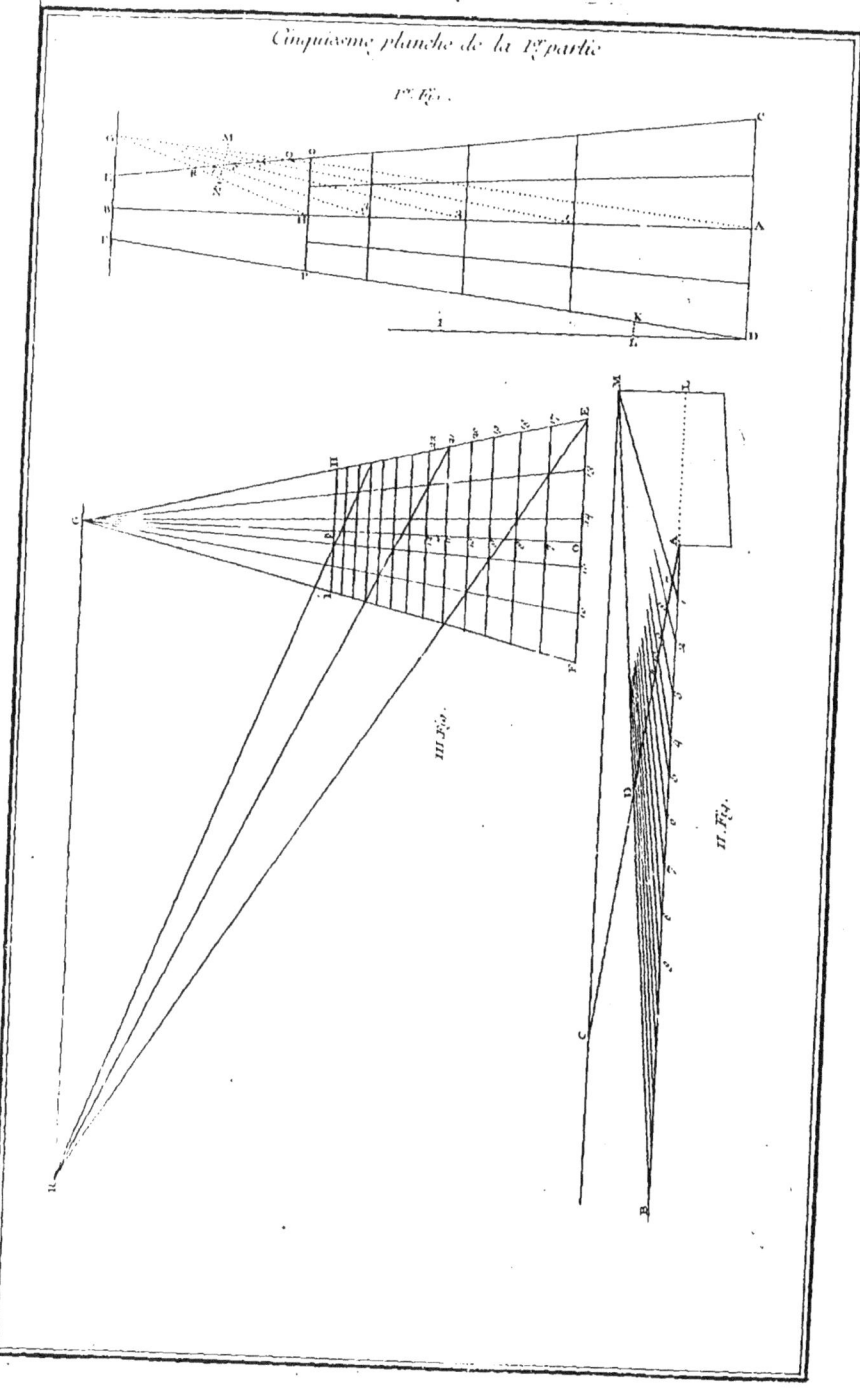

I.ᵉ Fig.

III.ᵉ Fig.

II.ᵉ Fig.

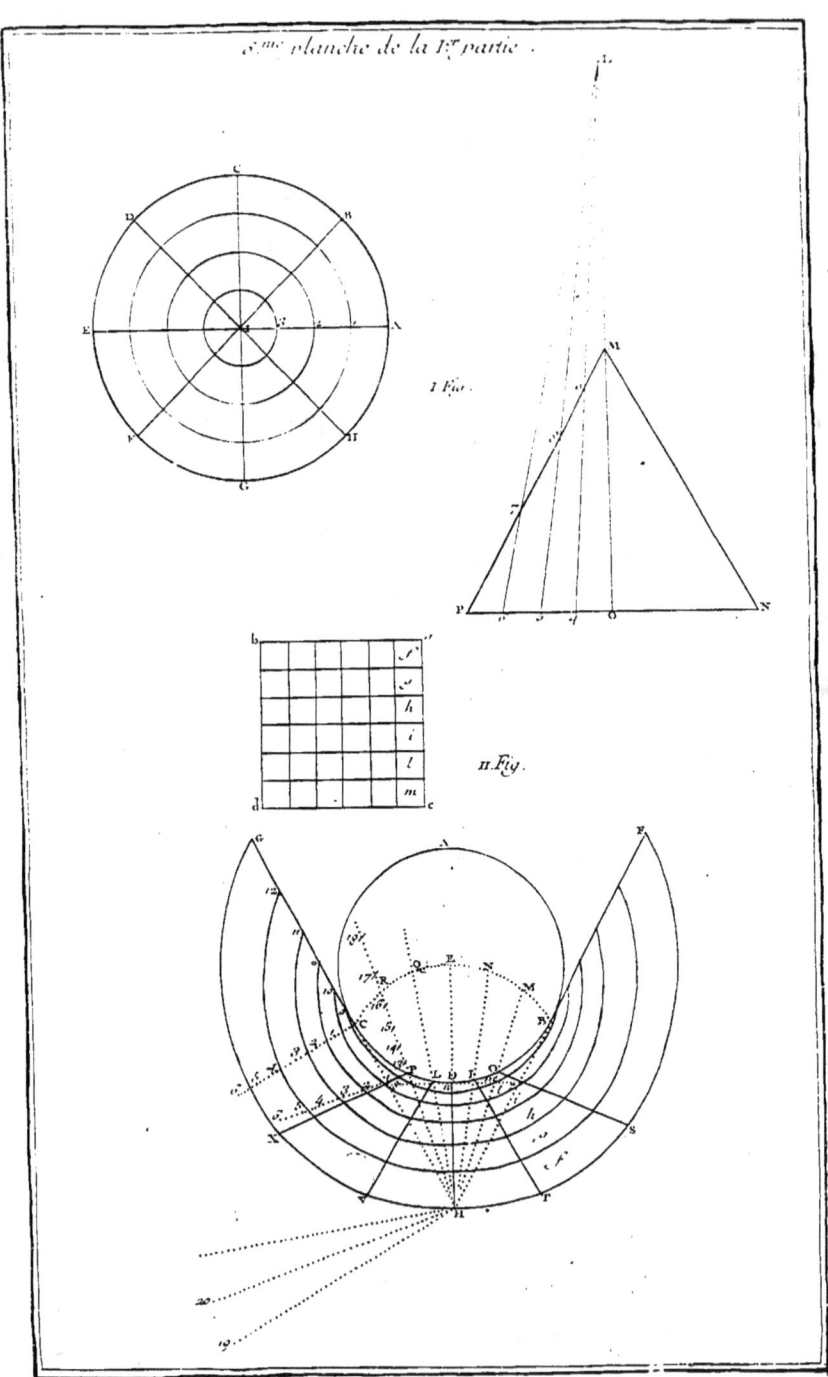

1 Fig.

II. Fig.

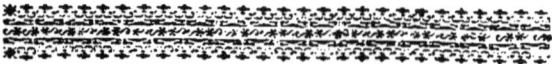

SECONDE PARTIE.

Des Hauteurs ou Elevations qu'il faut donner aux Corps
que l'on veut mettre en Perspective.

OUS avons enseigné dans la premiere Partie de ce
Traité, plusieurs methodes pour mettre en perspective
toutes les especes differentes de plans ou figures terminées par des lignes droites ou circulaires, régulieres ou irregulieres : l'ordre veut que nous donnions
dans cette seconde Partie des regles pour marquer les hauteurs
des corps que l'on veut élever sur ces plans, soit que ces corps
posent à plomb sur toute l'étendue de leurs plans, ou soit que
dans leur élevation ils ayent des parties solides en l'air qui ne posent point sur le terrein comme sont plusieurs angles des corps
réguliers, les trompes, les souchés de cheminées, & les autres
parties des bâtimens, dont il seroit assez difficile de fixer les hauteurs sans les aplombs ou lignes perpendiculaires qu'on laisse tomber de chacun de leurs angles sur les plans, ainsi que nous l'expliquerons dans la suite.

Le plan n'a que deux dimensions, qui sont la longueur, & la
largeur, & c'est ce qu'on entend par superficie. Le corps ou solide
en a trois, sçavoir, la longueur, la largeur & la profondeur ou
hauteur : comme nous avons traité dans la premiere Partie des Plans,
l'objet de cette seconde Partie sera le corps, autrement dit solide.

On distingue trois sortes de corps ou solides, sçavoir, le corps
régulier, le corps irregulier, & le corps mixte, de même qu'il y a
des superficies de ces trois especes.

Le corps régulier est composé d'un certain nombre de superficies, lesquelles sont toutes égales, & dont les angles aussi-bien
que les côtez doivent être parfaitement égaux les uns aux autres :
il n'y en a que cinq de cette espece sans qu'il puisse y en avoir davantage, sçavoir, le Tetraedre, le Cube, l'Octaedre, le Dodecaedre
& l'Isocaedre. Le Tetraedre est composé de quatre triangles égaux
& équilateraux : le Cube de six quarrez égaux : l'Octaedre de huit
triangles égaux & équilateraux : le Dodecaedre de douze pentagones égaux & équilateraux, & l'Isocaedre de vingt triangles égaux
& équilateraux.

On ne compte point la Sphere au nombre des corps réguliers, quoyqu'elle soit la plus réguliere de tous, parce qu'elle n'a ni angles ni côtez.

Le corps irrégulier est celui dont les superficies font inégales aussi-bien que leurs angles.

Le corps mixte est encore de deux especes, sçavoir le mixte régulier & le mixte irrégulier.

Le corps mixte régulier a plusieurs superficies égales, sçavoir, les opposées aux opposées, comme le prisme, la pyramide, au nombre desquels on peut mettre le cylindre & le cône, & les bâtimens dont la symétrie est parfaite.

Le corps mixte irrégulier a quelques-unes de ses superficies égales, & d'autres qui font inégales, tel que seroit le composé d'un bâtiment, dont quelques parties seroient régulieres & les autres irrégulieres, comme font la plûpart des Hôtels de Paris.

Nous donnerons icy des exemples de toutes ces especes differentes de corps, avec les regles pour les mettre en perspective; & nous commencerons par les cinq corps reguliers, parce que si l'on en sçait bien faire le dévelopement, & que l'on s'applique particulierement aux regles que nous donnerons pour cet effet, il n'y a point de corps qu'on ne puisse mettre en perspective dans la suite, comme il sera facile d'en convenir à ceux qui voudront s'en donner la peine.

Il faut avant que d'en venir à la pratique avoir l'élevation geometrale des corps que l'on veut mettre en perspective, ou du moins un profil juste, & quelquefois les deux ensemble : cette préparation n'est pas moins necessaire que celle du plan geometral dont nous avons parlé dans la premiere Partie, lors qu'il s'agit de mettre un plan en racourci.

Mais avant que d'entrer en matiere, je donnerai encore icy un Theorême, dont l'intelligence sert de fondement à toutes les pratiques suivantes : J'en laisse le jugement aux amateurs de la geométrie.

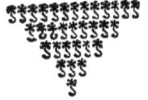

THEO.

THEORÊME.

La hauteur de l'objet LM au deffus du plan horifontal eft à la hauteur IK du Tableau perfpectif, comme le compofé de la diftance de l'objet au Tableau, & de la diftance de l'œil au même Tableau l'eft à la diftance de l'œil au Tableau, c'eft à dire, comme MS l'eft à NS.

IL peut y avoir deux cas, dont le premier eft lorfque (dans la Planche II. fig. 5. de la troifiéme Partie) la hauteur de l'objet LM eft directement oppofée à l'œil que l'on fuppofe au point O, de maniere que la ligne MS tombe à angles droits fur la ligne de terre du tableau DE: car alors la ligne MN marquera la diftance de l'objet au tableau, & NS celle de l'œil au même tableau. Ti-rez les lignes OKM & OIL, & du point N ou la ligne MS coupe la ligne de terre du tableau DE, élevez la perpendiculaire NI juf-qu'à ce qu'elle coupe OL au point I. Je dis donc, que comme MS eft à NS, de même LM fera à KI. Car parce que dans le trian-gle OMS les lignes OS & NI qui font perpendiculaires au plan horifontal, font paralleles entre elles ; il fuit par la 2me du 6me, que comme MS eft à NS, ainfi MK fera à KO, & par la même raifon MO fera à KO, comme LO à IO ; donc les côtez des triangles LMO & IKO feront proportionnaux, & par conféquent ils feront équiangles par la 5me du 6me : donc par la 4me du même MO fera à KO comme ML à IK : mais on a déja démontré que MO eft à KO comme MS à NS ; donc par la 11me du 5me LM fera à IK comme MS à NS : mais la ligne LM eft la hau-teur perpendiculaire de l'objet, & IK eft la hauteur perpendicu-laire de fa repréfentation dans le tableau, renfermée entre les rayons OL & OM, & la ligne MS eft la compofée des deux diftances ; donc &c.

Le deuxiéme cas eft, lorfque l'objet ne fe montre pas direte-ment devant l'œil placé au point O, comme fi la ligne QP repré-fentoit le vrai objet ; car alors la ligne QS tombe obliquement au point H fur la ligne de terre DE : il faut donc fuppofer que la li-gne QP foit de la même hauteur & à la même diftance du tableau que la ligne LM ; en forte que QT foit égale à MN ; on verra que dans le triangle OQS, la ligne QO fera à VO, comme QS à HS, & que comme QO eft à VO, PQ fera à RV : donc comme

K

QS est à HS, ainsi PQ est à RV. Mais parce que NS & QT sont
paralleles étant perpendiculaires à la base du tableau, entre lefquelles les droites DT & QS se coupent, les triangles NHS &
THQ sont équiangles, & leurs côtez proportionnaux ; d'où il
suit, que QH est à HS, comme QT à NS, & en composant
QH sera à HS comme les deux HS & QT ensemble sont à
NS : donc comme les deux NS & QT ensemble sont à NS,
de même PQ hauteur de l'objet sur le plan geometral sera
à RV, hauteur apparente du même objet sur le tableau ; ce qu'il
falloit démontrer.

Ce Théoréme sert encore de fondement & de preuve à la Pratique, qui enseigne la maniere dont il faut élever les corps sur la
surface du tableau, après en avoir mis le plan en racourci, qui fait
le sujet de cette seconde Partie.

PREMIERE PRATIQUE.

Mettre le Tetraedre en Perspective.

IL faut d'abord, comme on le peut voir dans la Planche I. fig.
1. marquer le plan geometral du tetraedre au-dessous de la ligne de terre AB, & le placer à volonté, comme aux points HIL
du triangle équilateral marqué des mêmes lettres, duquel vous
trouverez le centre en cette maniere.

Prenez deux côtez de ce triangle tels qu'ils vous plaira, comme
HL & LI, que vous couperez en deux égalément aux points 3 &
2, desquels si vous tirez aux angles opposez les perpendiculaires
3 I, & 2 H le point de leur interfection, 1 sera le centre du triangle
HIL.

Le point de vûe E & le point de distance F, seront marquez à
l'ordinaire sur l'horisontale FG, & par la premiere Pratique de la
premiere Partie, on marquera sur le tableau AG le plan racourci
du même triangle HIL, qui sera cotté des mêmes lettres h, i, l, &
dont le centre trouvé par la même méthode sera le point 1, duquel
on tirera la droite 1M perpendiculaire à AB, à laquelle doivent
aboutir les penchantes jM, hM & lM : mais pour avoir cette hauteur 1M, il faut avoir recours à l'élevation geometrale du tetraedre, dont le plan seroit le triangle équilateral IHL, comme nous
l'avons insinué ci-dessus, ce qui se fera de la maniere suivante.

Tirez sur la ligne H 2 du plan geometral & du centre 1 du triangle HIL, la droite 1-4 perpendiculaire à H 2, & mettant la pointe

du compas fur le point 2 comme centre; fi de l'intervale 2 H vous
décrivez l'arc H 4, il coupera la perpendiculaire 1-4 au point 4,
& la droite 1-4 fera la hauteur perpendiculaire du tetraedre pofé
fur la bafe, dont le point 4 repréfentera le fommet, qu'il faut tranf-
porter fur 1 M dans le tableau en cette forte.

Prenez fur la ligne de terre A B le point C à volonté, duquel il
n'y a qu'à élever la perpendiculaire C D égale à la droite 1-4 du
plan geometral, & des points C & D tirer au point de vûe E, ou
à quelqu'autre point de la ligne horifontale F G, les lignes C D &
D E; fi du point 1, centre du plan perfpectif, vous tirez la ligne 1-5
parallèle à A B, & que du point 5 vous éleviez la perpendiculaire
5-6 jufqu'à ce qu'elle coupe D E au point 6, la ligne 5-6 fera la
hauteur perpendiculaire du tetraedre, dont le plan perfpective eft
le triangle h, i, i, à laquelle fi vous faites 1 M égale, & que du point
M vous joigniez aux angles du plan perfpectif les droites M j M h,
& M l, vous aurez fur le tableau A G le tetraedre h, i, l M en perfpective, qui paroîtra fitué de la même maniere à l'égard de la ligne A B que fon plan geometral H I L.

Il n'y a gueres plus de difficulté, fi on vouloit faire paroître en
perfpective le même tetraedre, (dans la Planche I. fig. 2.) dont le
plan geometral eft N O P pofé fur fa pointe; car après avoir mis
fon plan en racourci dans le tableau figuré, par les lettres n, o, p,
dont le centre eft le point 9, tirez de tous ces points les perpendiculaires à A B, comme n-11, 0-10, p-12 & 9-a: mais pour terminer
ces perpendiculaires & en avoir les hauteurs, il faut, comme dans
la premiere figure de cette Pratique faire une échelle pareille au
triangle fçalene C D E, dont C D fera égale à la hauteur 9-2 du plan
geometral, ou bien fe fervir de celle de la feconde figure, laquelle
eft encore plus commode, & fe fait de cette maniere.

Prenez fur la ligne de terre A B une longueur comme C D, égale
à la ligne 9-2 du plan geometral, qui comme nous avons dit, dé-
termine la hauteur du tetraedre : il faudra enfuite mener des points
C & D les droites C E, & D E tendantes au point de vûe E, ou à
quelqu'autre point de la ligne horifontale qu'il vous plaira. Cette
préparation étant faite, tirez de chaque point des angles du plan
perfpectif des paralleles à A B, lefquelles couperont les lignes C E
& D E aux points 2-3-4-6-7-8 : prenez enfuite la longueur 2-8 provenant de n, o, & la portez fur les perpendiculaires n-11 & 0-10 aux
points 11 & 10 : faites la même chofe de la longueur 4-6 provenant
du point p, que vous porterez fur la perpendiculaire p-12; & 3-7
qui provient du point 9, à laquelle vous ferez la perpendiculaire 9-a
égale, & vous aurez les points 10-11-12 & a, par lefquels fi vous tirez
les lignes 11-10; 10-12, & 12-11, vous aurez le plan racourci ou fu-

périeur du tetraedre, égal au premier n, p, o, mais qui fera renverfé, & qui lui fera parallele, duquel fi vous tirez au point 9 les lignes 11-9, 10-9, & 12-9, elles reprefenteront le tetraedre du plan geometral pofé fur fa pointe.

L'infpection de la figure fait affez comprendre ce qu'il faudroit faire, fi on vouloit mettre plufieurs tetraedres égaux les uns au-deffus des autres, je ne crois pas qu'il foit néceffaire de s'y arrêter.

REMARQUE.

Nous avons par cette derniere méthode, une pratique facile pour faire une échelle perfpective qui puiffe fervir à chaque ligne parallele à la ligne de terre A B; car comme ces paralleles en s'en-fonçant dans le tableau s'éloignent par conféquent de l'œil, leurs grandeurs apparentes diminuent en même tems; ce qui fait que fi la longeur C D de la ligne A B, eft par exemple de fix pieds, les lignes 2-8, 3-7 & 4-6 paroiffent d'autant plus courtes qu'elles s'ap-prochent du point de vûe E, quoiqu'elles paroiffent avoir la même longueur que C D : ainfi fi vous divifez C D en cinq parties égales, comme en cinq toifes ou en cinq pieds, & que par ces divifions vous tiriez des lignes au point E, les lignes 4-6, 3-7 & toutes les autres qui feront paralleles à C D & renfermées dans le triangle C D E fe trouveront pareillement divifées en autant de parties égales que C D.

Comme fi nous voulions fur la perpendiculaire 9-*a*, marquer un point élevé de cinq pieds au-deffus du point 9, qui dans le ta-bleau eft cenfé de niveau avec la ligne de terre A B, vous n'auriez qu'à prendre fur la ligne 3-7, provenant du point 9, la longueur 3-7 que nous fuppofons de cinq pieds, que vous porterez fur la perpen-diculaire 9-*a* du point 9 au point *a*, qui fera celui que l'on cherche, & qui fera élevé de cinq pieds au-deffus du point 9.

e.

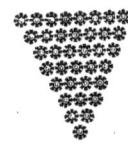

SECONDE

SECONDE PRATIQUE.

Mettre un Cube en Perspective.

SOient les deux quarrez 1-4 & 5-7, les plans geometraux de
deux cubes que l'on veut mettre en perspective dans le tableau
A G, (dans la Planche I. fig. 3.) la ligne de terre sera A B, & la
ligne horisontale F G, dans laquelle le point E est le point de vûe,
& F le point de distance.

Après avoir mis en racourci les deux quarrez sur le plan perspectif
du tableau, qui sont marquez des mêmes chifres 1-2-3-4, & 5-6-7-8,
élevez de tous ces points autant de perpendiculaires à la ligne A B,
que vous terminerez de la maniere suivante.

Prenez sur la ligne de terre A B la partie C D, égale à la hauteur
du cube; c'est-à-dire, à un de ses côtez comme 1-2, & menez de
ces points C & D les lignes C G, D G: Si de chaque point du plan
racourci vous tirez des paralleles, comme 6-*m*, 5 *a*, 8-*c*, &c. lesquelles
soient terminées sur les fuyantes C G, & D G, elles donneront les
hauteurs 1-9, 5-j, 6-0, 8 *p*, &c. car pour avoir la hauteur de la
perpendiculaire 6-0 vous n'avez qu'à prendre sur la parallele *m*-6,
la longueur *m*-*n*, & la transporter sur la perpendiculaire 6-0 du point
6 au point *o*, de même pour avoir sur la perpendiculaire 5-j le point
j, prenez sur la parallele *a*-5, provenant du point 5, la longueur
a-*b*, que vous porterez du point 5 au point j, & vous aurez de cette
maniere sur toutes les perpendiculaires élevées des points 1-2-3-4 &c.
d'autres points 9-10-11-12-j-0, &c. par lesquels si vous tirez les droites
9-10, 9-11, 10-12, 11-12, j 0, j-*p*, &c. les cubes perspectifs qu'on
demande seront entierement tracez, dans lesquels les trapezes 9-12
& j-*q*, seront les plans perspectifs supérieurs des mêmes cubes.

REMARQUES.

Il faut premierement se ressouvenir, qu'il a été dit dans la premiere partie de ce Traité, que toutes les lignes du plan geometral
qui sont paralleles à la ligne de terre, sont encore paralleles à la
même ligne de terre dans le plan racourci du tableau; ce qui se
trouve encore vrai dans le trapeze 9-12 de la derniere figure, lequel
est le plan perspectif supérieur du cube 1-2, dans lequel les lignes
9-10, & 11-12 sont encore paralleles à la ligne de terre A B, aussi-
bien que les lignes 1-2, & 3-4 du plan perspectif 1-2-3-4, ce qui

L

étant bien entendu, abrege considérablement la Pratique; car ayant trouvé sur la perpendiculaire 1-9 le point 9, si de ce point vous tirez 9-10 parallele à AB, elle coupera la perpendiculaire 2-10 au point 10.

Secondement, on a dit encore dans la premiere Partie, que toutes les lignes du plan geometral qui sont perpendiculaires à la ligne de terre AB, doivent tendre dans le tableau au point de vûe, ce qui se trouve encore vrai dans les lignes 9-11, & 10-12 de la même figure, lesquelles aussi-bien que celles de leur plan inférieur 1-3, & 2-4 tendent au point de vûe E, parce qu'elles sont dans leur plan geometral perpendiculaires à la ligne de terre AB, d'où nous trouverons encore la maniere d'abreger le travail, puisqu'ayant trouvé les points 9 & 10, il n'y a qu'à tirer de ces mêmes points les fuyantes 9E & 10E qui couperont les perpendiculaires 3-11, & 4-12 aux points 11 & 12, & vous aurez promptement tous les points né-cessaires pour former le cube perspectif de la maniere qu'il se voit dans la figure.

Enfin, si les lignes du plan geometral ne sont point parallèles ni perpendiculaires à la ligne de terre AB comme dans le cube 5-7 de la même figure, la ligne 5-6 du plan perspectif ne sera plus parallele à la ligne de terre AB, & la ligne 5-8 ne tendra plus par conséquent au point de vûe E: les lignes 5-8, & 6-7 auront donc leur direction vers un autre point de la ligne horisontale que le point de vûe E: Que la ligne 5-8 prolongée jusques sur l'horisontale FG ait donc sa direction vers le point L, si l'on suppose que 6-7 soit parallele à 5-8, comme dans cet exemple de la même figure, vous n'aurez qu'à tirer du point 6 au point L la ligne 6L, laquelle paroîtra parallele à 5-8: de même encore que la ligne 5-6 ait sa direction vers un point de la ligne horisontale prolongée du côté de F, si 8-7 est parallele à 5-6, il n'y aura qu'à tirer du point 7 une ligne qui tende à ce point de l'horisontale prolongée du côté de F, & les lignes du plan perspectif 5-6, & 8-7 paroîtront alors parallèles, ce qui arrivera encore aux lignes j-p, & o-q, du plan supérieur, qui par la même raison tendront au point L aussi-bien que celles du plan inférieur 5-8, & 6-7; ce qui nous donne encore une prati-que abregée pour trouver les lignes 6-7, o-q, 1-p, &c. avec beaucoup de facilité. Ce point L sur la ligne horisontale qui marque le con-cours des lignes 5-8 & 6-7, se nomme, comme nous l'avons déja dit, le point accidental de ces mêmes lignes; & il est d'un merveilleux usage dans la pratique, comme vous le verrez encore mieux dans l'exemple suivant, Planche I. fig. 4.

Soit la ligne de terre AB, l'horisontale FL, le point de vûe E;

& F le point de diftance, on veut du point 3 tirer une ligne qui paroiffe parallele à la ligne 1-2, que l'on peut prendre pour le plan d'une muraille, fans fe fervir du plan geometral.

Pour y parvenir, prolongez la droite 1-2 jufqu'à ce qu'elle coupe l'horifontale au point L. Si du point 3 vous tirez à ce même point L la droite 3-4-L, elle fera la parallele que l'on cherche, & ce point L eft le point accidental où toutes les lignes paralleles à 1-2 doivent fe terminer : de maniere que fi des points 1 & 2 vous élevez les perpendiculaires 1-5, & 2-6 ayant déterminé 1-5 pour la hauteur de la muraille, vous tirerez du point 5 au point L la ligne 5 L qui coupera la perpendiculaire 2-6 au point 6, & la droite 2-6 paroîtra égale à 1-5, parce que les lignes 1-2, & 5-6 font fuppofées paralleles : Que fi du point 3 vous élevez la perpendiculaire 3-7 pour la terminer, vous tirerez du point 3 la ligne 3-2 parallele à A B, jufqu'à ce qu'elle coupe 1 L au point 2, duquel ayant élevé la perpendiculaire 2-6 jufqu'à ce qu'elle coupe la ligne 5 L au point 6 : fi vous faites 3-7 égale à la perpendiculaire 2-6, la droite 3-7 paroîtra encore égale à 1-5 : tirez auffi du point 7 au point L la ligne 7-8 L, & elle fervira à marquer toutes les hauteurs de la muraille 3-4, qui paroîtront égales à celles de la muraille 1-2.

Si vous vouliez du point 2 tirer une ligne qui parût perpendiculaire à la droite 1-2 fans avoir recours au plan geometral, vous n'avez qu'à abaiffer du point E, qui eft le point de vûe, une ligne perpendiculaire à l'horifontale F L qui fera la droite E C, fur laquelle ayant pris la longeur E C égale à E F, c'eft-à-dire, à la diftance du point de vûe au point de diftance, tirez du point C au point L, qui eft le point accidental de la ligne 1-2, la droite C L à laquelle fi vous élevez la perpendiculaire C M jufqu'à ce qu'elle coupe l'horifontale F L au point M, ce point M fera le point accidental où concourront toutes les lignes perpendiculaires à la droite 1-2 : de forte que fi vous tirez du point 2 la ligne 2 M, elle fera la perpendiculaire que l'on cherche, & les lignes 4-2 & 8-6 paroîtront perpendiculaires aux lignes 1-2 & 5-6.

J'ai crû qu'il étoit néceffaire de m'étendre fur ces remarques, parce qu'elles font très importantes pour la Pratique.

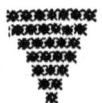

TROISIEME PRATIQUE.

Mettre un Octaedre en Perspective.

LE troisiéme des corps solides, est composé, comme nous avons
dit, de huit triangles équilatéraux, ainsi qu'on le peut voir
par son plan, qu'il faut d'abord faire en cette maniere.

Soit (dans la Planche II. fig. 1.) le cercle ABC, dont le centre
est I, divisé en six parties égales aux points A,D,B,F,C,E; faites
sur les points A,B,C le triangle équilateral ABC, & sur les autres points D, E & F un autre triangle équilateral DEF: ces deux
triangles se coupent aux points 1-2-3-4-5-& 6, dont le premier
ABC peut être pris pour la base de l'octaedre, & le second DEF
pour la partie supérieure du même corps ; tirez ensuite les cordes
des arcs AD, DB, BF, &c. & tout le plan de l'octaedre sera
décrit.

Pour mettre ce corps en perspective, qui pose sur une de ses
huit faces comme sur le triangle ABC, il faut connoître auparavant la hauteur perpendiculaire comprise entre sa base & la face
supérieur DEF, ce qui se fait ainsi ; Tirez de quelque angle qu'il
vous plaira, comme du point E, le diamètre EB, lequel coupera
la base DF du triangle EDF au point G. Elevez au point B la ligne
BH perpendiculaire à EB, & mettant la pointe du compas sur le
point G, décrivez de l'intervale GE l'arc EKH qui coupera la
perpendiculaire BH au point H, & la droite BH sera la hauteur
perpendiculaire de l'octaedre que nous cherchons, laquelle sera
comprise entre sa base ABC, & sa face supérieure DEF.

Soit donc (dans la Planche II. fig. 2.) M,N,O,P,Q,R, le plan
geometral de l'octaedre à mettre en perspective, qu'il faudra mettre
en racourci sur le tableau à l'ordinaire, dont la ligne de terre est
AB; la ligne horisontale FG ; le point de vûe E, & le point de
distance F: ce plan perspectif sera marqué des mêmes caracteres
m,n,o,p,q,r, desquels nous supposons que le triangle q-m-o est la
base, & r-n-p la face supérieure de l'octaedre. L'échelle perspective
se marquera sur AB, en faisant BD égale à OS, trouvée comme
ci-dessus, & en tirant à tel point que vous voudrez de la ligne horisontale les lignes DG & BG : car si vous élevez des points n-p-r
de la face supérieure de l'octaedre autant de perpendiculaires à
AB, & que des mêmes points vous tiriez aussi des parallèles à la
même AB jusques contre BG, les lignes l, s & h-g comprises entre

tre DG & BG, & provenant des points *p* & *r-n*, feront les véri-
tables hauteurs des perpendiculaires *p-b*, *r-a*, ou *n-c* : vous aurez
donc fur ces mêmes perpendiculaires les points *a*, *b*, *c*, par lefquels vous tirerez *a-c*, *c-b* & *b a*, qui fera la face fupérieure de l'o-
ctaedre, dont le plan a été marqué par les lettres *n-p-r*. Joignez
enfin les points de la face fupérieure *a*, *b*, *c* avec ceux de la bafe
m, *o*, *q* par les lignes *b.o*, *c.o*, *c-m*, *a-m*, *a-q*, *b-q*, & vous aurez tout
l'octaedre en perfpective, dont les quatre triangles ou faces vifibles
font marquées par des lignes pleines, & celles qui ne fçauroient
être vûes, par des lignes ponctuées.

Si on vouloit que l'octaedre posât fur une de fes pointes, comme dans la Planche II. fig. 3. il faudroit changer fon plan geometral, lequel feroit marqué par le quarré DEFG, dont un des côtez
doit être égal à un des cotez des triangles équilateraux de la figure
précédente, c'eft-à-dire, à RN, ou QO.

Après avoir tiré les diagonales EG, & FD qui fe coupent au
point H, la ligne EG fera la hauteur véritable de l'octaedre pofé
fur fa pointe, & fa moitié EH fervira pour marquer les aplombs
DI, GK, FL & *e*M, après qu'on aura porté fur CB de la ligne
de terre AB les longueurs EG & EH du plan geometral du point
B aux points C & N : car il n'y aura plus qu'à tirer les droites
CG, NG, & tout le refte fe fera comme dans la figure précédente, & l'octaedre OIKH fera pofé fur fa pointe, de même que
celui que nous avons repréfenté au-deffus, que l'on trouvera par
les mêmes regles dans lefquelles les lignes pleines marquent les
côtez de ce corps qui peuvent être vûs.

QUATRIEME PRATIQUE.

Mettre le Dodecaedre en Perfpective.

IL faut d'abord décrire le plan de ce corps, lequel eft compofé
de douze pentagones équiangles & équilateraux : & parce que
le centre de tous les corps réguliers eft le même que celui d'une
fphere concave, qui paffant par tous les angles folides de ces corps
les toucheroit en les enveloppant; il s'enfuit que le plan du dodecaedre doit être infcrit dans un cercle, dont le diamètre (dans la
Planche II. fig. 4.) foit la ligne 1-9, & le centre le point M. Il faut
divifer fa circonférence en dix parties égales aux points 1-7-2-8,&c.
& tirer les cordes 1-7, 7-2, 2-8, 8-3, &c. à chacune defquelles
il faut mener fa parallele 6-2, 1-8, 7-3, 2-9 & 6-4, ces paralleles

M

fe couperont aux points B, G, C, H, D, I, E, L, A & F, par lefquelles vous tirerez les droites FG, GH, HI, IL, & LF qui formeront deux pentagones, dout l'un ABCDE fera la bafe du dodecaedre, & l'autre pentagone FGHIL fera la face fupérieure du
même corps : il n'y a plus qu'à tirer les droites 1B, 7G, 2C, &c.
& tout le plan fera décrit.

Mais auparavant que de mettre ce corps en perfpective, il faut
en marquer le profil; c'eft-à-dire, qu'il faut connoître trois hauteurs, dont la premiere eft la hauteur perpendiculaire comprife
entre la bafe ABCDE, & la face fupérieure FGHIL; la feconde
eft la hauteur perpendiculaire comprife entre la même bafe, & les
angles 1-2-3-4 & 5; & la troifiéme eft la hauteur perpendiculaire
auffi comprife entre la même bafe & les angles 6-7-8-9 & 10.

Pour avoir ces hauteurs, tirez des points 1 & 9 de la même
figure les droites 1N, & 9-0 perpendiculaires au diamètre 1-9:
mettez la pointe du compas au point P, & décrivez de l'intervale
PB une portion de cercle qui coupera la perpendiculaire 9-O au
point O. Pareillement mettez la pointe du compas au point B, &
de l'intervale BA décrivez un autre arc de cercle qui coupera la
perpendiculaire 1N au point N, tirez enfuite la droite NO.

Premierement, fi vous joignez enfemble les deux lignes 0-9, &
N1, la toute fera la hauteur perpendiculaire comprife entre la
bafe ABCDE du dodecaedre, & la face fupérieure FGHIL.

Secondement, la droite 1N fera la hauteur perpendiculaire comprife entre la bafe ABCDE & les angles 1-2-3-4-5.

En troifiéme lieu, la droite O9 fera la hauteur perpendiculaire
comprife entre la même bafe ABCDE, & les angles 6-7-8-9-10.

Enfin la droite NO fera le vrai diamêtre de la fphere concave &
circonfcrite au dodecaedre propofé; ce que je dis pour détromper
ceux qui pourroient croire que le diamêtre de cette fphere feroit la
droite 1-9.

Soit donc à préfent (dans la Planche III. fig. 1.) deffiné le plan
geometral du dodecaedre à mettre en perfpective, marqué par les
lettres ABCDE, &c. & les chiffres 1,2,3,4,5, &c. il faut d'abord
mettre toutes les parties de ce plan en racourci, comme on le voit
dans le Tableau FGAB, dont la ligne horifontale eft FG, dans
laquelle le point E eft le point de vûe, & F celui de diftance.

Pour trouver la hauteur perpendiculaire des points 1,2,3,4,5 au-
deffus de la bafe FGHIL, & celle des points 6,7,8,9,10, dont la
premiere fe trouvera égale à 1N du plan geometral, & la feconde à
9O; il faut porter ces deux longueurs fur la ligne AB, en faifant
CD égale à 1N, & DB égale à 9O, & des trois points C, D & B
tirer à un point comme G de la ligne horifontale les lignes CG, DG,

& B G, fur lefquelles fe fera l'échelle perfpective, comme nous l'avons enfeigné ci-deffus ; la totale C B fera la hauteur comprife entre la bafe & la face fupérieure du dodecaedre.

Si vous voulez fçavoir préfentement la hauteur perpendiculaire du point 6 & du point 7 du plan geometral, tirez des points 6 & 7 qui leur répondent dans le plan racourci la parallele 7, j, q, m, & portez la longueur j-q fur les perpendiculaires 6-6 & 7-7 des points 6 & 7 aux mêmes points 6 & 7 : de même pour avoir la hauteur perfpective du point 1 du plan geometral, tirez du point 1 qui lui répond dans le plan racourci la parallele 1, 20, 21, & portez la longueur 20, 21 fur la perpendiculaire 1 E du point 1 au point I, tirez les lignes f g, f 6, g-7, 7 I & I 6, & vous aurez un des douze côtez du dodecaedre renfermé des lettres I, 7, g, f, 6.

De même encore, fi vous voulez avoir la face fupérieure du dodecaedre marquée par les mêmes lettres A B C D E du plan geometral, tirez des points a, b, c, d, e de leur plan racourci les paralleles a 23, c-y & b-q ; élevez des points a. b, c, d, e, du plan perfpectif les perpendiculaires a A , b B, c C, d D & e E : faites e E & d D égales à 22-23 de la parallele d 23, & tirez la ligne E D : faites de même a A , & c C égales à u-y de la parallele c-y, tirez les lignes E A & D C. Enfin faites la perpendiculaire b B égale à n-q de la parallele b-q, & tirez les lignes A B & C B, & vous aurez la face fupérieure du même dodecaedre en perfpective, & figurée par les lettres A B C D E.

Vous ferez la même chofe à toutes les faces du même dodecaedre, dont il n'y en aura que quatre de vifibles, les autres qui ne peuvent fe voir font marquées dans la figure par des lignes ponctuées.

J'en ai fait paroître un autre à côté, pour donner plus de jour à cette pratique, dans lequel on pourra voir fix faces du même corps, ce qui arrive par fa pofition, étant plus éloigné du point de vûe que le premier : il faut s'exercer beaucoup fur cette pratique, fi l'on veut fe rendre les autres plus familieres.

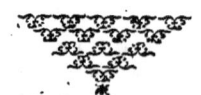

CINQUIEME PRATIQUE.

Mettre en Perspective le dernier des Corps réguliers, qui est l'Isocaedre.

L'Isocaedre est composé de vingt triangles équiangles & équilateraux : Il faut avant que de le mettre en perspective, en marquer le plan & le profil.

Décrivez dans la Planche III. fig. 2. le triangle équilateral ABC que nous prendrons pour la base de l'isocaedre, duquel ayant trouvé le centre G on décrira le cercle ABC, & après avoir partagé les arcs AB, BC, & CA en deux également aux points D, E & F, joignez les lignes DE, EF, & FD, & le triangle DEF sera le plan de la face supérieure du même corps.

Secondement, tirez par le centre G la ligne HM d'une longueur suffisante, & sur la ligne BC décrivez le pentagone équilateral BNMOC, ce que vous ferez en prenant avec un compas la ligne AT que vous porterez sur CL, en mettant une pointe du compas sur le point C, & l'autre sur la ligne HM au point L ; car si du point L comme centre, & de l'intervale LC, ou LB vous décrivez le cercle NMO, & que vous fassiez BN & CO égales à BC, il n'y a plus qu'à joindre les droites NM & MO, & le pentagone équilateral BCOMN, sera décrit sur le côté BC.

En troisiéme lieu, tirez des points N & O les droites NP & OQ paralleles à HM, & menez du centre G les lignes GS & GR passant par les points B & C, jusqu'à ce qu'elles coupent les paralleles NP & OQ aux points R & S : si du point G comme centre, & des intervales GR ou GS vous décrivez le cercle HPRLSQ, il se trouvera divisé en six parties égales aux mêmes points HPR, &c. par lesquels vous menerez les droites HP, PR, RI, IS, SQ & QH : joignez enfin les droites PB, RD, RE, LB, &c. & les droites PD, RB, SC, &c. & tout le plan de l'isocaedre sera décrit.

Pour en marquer le profil, tirez la ligne VX parallele à HI, & de chaque angle du plan, élevez des lignes perpendiculaires à VX comme Aa, Hb, Dd, Ee, &c. Si vous voulez avoir la hauteur perpendiculaire des points H, R & S, prenez avec un compas la longueur AB, à laquelle HA doit être égale, que vous porterez sur VX du point a sur la perpendiculaire Hy qu'elle coupera au point b, & la hauteur Vb sera la hauteur perpendiculaire des points H, R & S.

De

De même pour avoir la hauteur perpendiculaire des points I, P, Q, prenez avec un compas la longueur AT, à laquelle TI doit être égale, que vous porterez du point *c* provenant de BC sur IZ, jusqu'à ce qu'elle la coupe au point *j*, & la hauteur X*j* sera la hauteur perpendiculaire des angles I, P, & Q.

Enfin pour avoir la hauteur perpendiculaire des angles D, E & F de la face supérieure de l'isocaedre, prenez avec un compas la longueur ED, à laquelle EI doit être égale, que vous porterez du point *j*, représentatif du point I du plan geometral sur la ligne E*e*, jusqu'à ce qu'elle la coupe au point *e* ; & la hauteur *o*, *e* sera celle que l'on demande : Vous aurez donc le profil de l'isocaedre au-dessus de la ligne VX, dont les lettres semblables à celles du plan font assez connoître de quelle maniere il faut tirer les lignes droites de ce profil, sans qu'il soit besoin de s'y arrêter davantage.

Soit donc marqué (dans la Planche III. fig. 3.) le plan geometral de l'Isocaedre à mettre en perspective, suivant la méthode que nous venons d'enseigner, dont le triangle DEF représente la base, & le triangle ABC la face supérieure. La ligne de terre, soit AB, la ligne horisontale GF, le point de vûe E, & F le point de distance.

Soit marqué pour le profil sur la ligne AB une longueur CB égale à la hauteur perpendiculaire, comprise entre la base & la face supérieure de l'isocaedre ; c'est-à-dire, à la ligne *o-e* de la figure précédente, sur laquelle soit encore retranché CH égale à la hauteur perpendiculaire des angles H, R & S, & CL égale à la hauteur perpendiculaire des autres angles P, I & Q : Tirez des points C, L, H & B les droites CG, LG, HG & BG, qui donneront l'échelle perspective, sur lesquelles les paralleles tirées des angles du plan racourci, marqueront les hauteurs diminuées des perpendiculaires élevées sur chacun des mêmes angles.

Ainsi après avoir mis en racourci sur le Tableau AF le plan geometral dudit isocaedre, comme on le voit marqué par les mêmes lettres du plan geometral, il faut de chaque point du plan racourci élever des lignes perpendiculaires à la ligne AB, sur lesquelles il faut transporter les mesures comprises sur les paralleles entre les lignes CG & BG.

Comme si vous voulez avoir la hauteur du point *j*, qui répond au point I du plan geometral, il n'y a qu'à tirer la droite *j-3* parallele à AB, & prendre sur icelle la longueur 2-3, qu'il faut porter sur la perpendiculaire du point *j* au point *j*.

De même pour avoir la hauteur du point *r*, il n'y a qu'à tirer la droite *r-10*, parallele à AB, & prendre sur icelle la longueur 8-10, comprise entre les lignes CG & HG, que vous porterez sur la

N

perpendiculaire du point *r* au point *r*. De même encore pour avoir la hauteur perpendiculaire des points *a* & *b*, tirez la parallele *b*-14, & prenez fur icelle la longueur 11-14 que vous porterez fur la perpendiculaire *b-b* du point *b* au point *b*, & ainfi de tous les autres angles du plan perfpectif ; après quoi il n'y a plus qu'à joindre les droites *fs*, *fe*, *fc*, *cj*, *cb*, *bj*, *br*, *rj*, &c. & toutes les faces de l'ifocaedre feront mifes en perfpective, defquelles celles qui ne peuvent être vûes font marquées par des lignes ponctuées à la différence des autres qui font marquées par des lignes pleines.

Je me fuis un peu étendu fur la maniere de mettre en perfpective les cinq corps réguliers, quoiqu'il arrive rarement qu'on s'en ferve : mais je ne l'ai fait que pour rendre les pratiques qui fuivent plus faciles à concevoir, étant certain, que fi l'on a bien compris ce que j'en ai dit, il n'y a gueres de chofes qu'on ne puiffe mettre en perfpective ; ce que je repete en faveur de ceux qui voudront en profiter, qui ne fçauroient trop s'exercer fur ces cinq premieres pratiques, auffi-bien que fur la fuivante.

SIXIEME PRATIQUE.

Mettre une Sphere en Perfpective.

IL faut pour mettre une fphére en perfpective avoir fon plan geometral qui fera dans la Planche I V. fig. 1. le cercle *a*,B,A,C, dont le diamêtre BC fera celui de la fphére : divifez la circonférence de ce cercle en plufieurs parties égales, comme ici en feize parties aux points *a*,H,G,F, &c. defquelles vous tirerez autant de rayons au centre O.

Pour avoir le profil de la même fphére, prenez le demi cercle B,*a*,C, dont les divifions 5,4,3,*a*,I,H,G feront les mêmes que celles du plan geometral. Si des points 3,4,5, où I,H G vous tirez les paralleles 3-1, 4-2, & 5-3 jufqu'à ce qu'elles coupent le demi diamêtre *a*O aux points 1,2,3, il n'y aura qu'à décrire du centre O autant de cercles concentriques, qui pafferont par ces mêmes points 1 2 & 3, & tout le plan géometral fera décrit, auffi-bien que le profil de la même fphére, qu'il faudra mettre en racourci fur le Tableau, dont la ligne de terre eft 11-10 ; la ligne horifontale GF ; le point de vûe E, & F le point de diftance : On marquera fur ce plan racourci les mêmes caracteres qui font fur le plan geometral ; de maniere que vous aurez en perfpective les quatre cercles concentriques avec leurs rayons, & les points où ils fe coupent ; defquels il n'y a qu'à élever autant de perpendiculaires, que l'on terminera à l'ordinaire, après avoir marqué sur la ligne de terre l'échelle perspective 6 F10, dont 6-10 sera égale au demi diamètre *a* O, & 6-9 à O1, de même 6 8 sera égale à O2, & 6-7 à O3.

Nous ne donnons dans cette figure que la moitié supérieure de la sphére en perspective pour éviter la confusion des lignes, dont nous supposons la coupe ou section qui la partage en deux également, parallele à l'horison, & élevée au-dessus de la ligne de terre de la quantité *a*-6, de maniere que si vous tirez du point *a* au point F de la ligne horisontale la ligne *a* F, le triangle *a* F 10 renfermera sur les paralleles à la ligne de terre, toutes les longueurs qu'il faudra transporter sur les perpendiculaires qu'on a élevé sur chaque point du plan perspectif, d'où proviennent les mêmes paralleles.

Ainsi pour trouver sur la perpendiculaire *a* E la hauteur *a*-q, vous n'avez qu'à prendre la longueur *a*-6 sur la ligne de terre, & la transporter du point *a* sur la perpendiculaire *a* E au point *q* : de même pour avoir sur la perpendiculaire *ff* le point *f*, tirez par le point *f* du plan perspectif la parallele 19-*f*-19, & transportez la longueur 19-19 renfermée entre les lignes *a* F, & 6 F sur la perpendiculaire *ff* du point *f* au point *f*; & en faisant la même chose sur les autres points du plan perspectif, vous aurez les points *q, d, f, c, 3, b*, par lesquels vous ferez passer le cercle racourci *q, d, f, c, 3, b* qui sera la coupe de la moitié de la sphére que nous voulons mettre en perspective, & élevée au-dessus de l'horison de la hauteur *a*-6.

Il n'y aura pas plus de difficulté à mettre en perspective tous les cercles de cette sphére; car après avoir élevé de tous les points de leur plan perspectif des lignes perpendiculaires à la ligne de terre, comme *ll-m-m, n-n, x-x*, & les autres, tirez du point *m*, la parallele *m*-18, & des points *l* & *n* les paralleles 15 *l*, 16 & *n*-20, & transportez 15-16 sur *l-l*, 17-18 sur *m-m*, & 19-20 sur *n-n*. De même encore transportez 26-27 provenant du point *x* sur la perpendiculaire *x-x* au point *x*, & 24-25 provenant du point *y* sur sa perpendiculaire au point *y*, & 22-23 provenant du point *z* sur la perpendiculaire *z-z* au point *z*, & vous ferez passer par ces points trouvez le demi cercle perspectif *d, l, m, n, o, x, y, z, 3*, duquel les autres ne seront point différens en se servant de la même méthode, comme on le peut voir dans la même figure, qui montre assez de quelle maniere il faut arrondir cette sphére après avoir trouvé les hauteurs différentes de chacun de ses cercles, où il est aisé de voir que l'opération est d'autant plus juste, que le cercle du plan géométral a été divisé en plus de parties égales.

Je ferai seulement remarquer en passant, ce qui a été déjà démontré par plusieurs Auteurs, que le contour apparent d'une sphére n'eſt pas un cercle parfait comme pluſieurs ſe l'imaginent, ce qu'on peut voir aiſément par la ſeule inſpection de la figure, dans laquelle ce contour eſt une véritable ellipſe, dont le grand diamètre s'allonge d'autant plus que cette ſphére ſera vûe plus obliquement.

Si cette pratique ne paroît pas d'abord d'une grande utilité, on ſera bientôt perſuadé du contraire, lorſqu'il s'agira de mettre un dôme en perſpective ; car on ne peut le faire régulierement, ni juger par conſéquent de la beauté de ſon contour lorſqu'on le ſuppoſe vû d'une certaine diſtance, ſi on s'éloigne tant ſoit peu des regles que nous venons de preſcrire. Ces regles ne changeront point dans les eſpeces différentes de dômes que l'on voudra repréſenter ; car ſoit que leur plan ou profil ſoit circulaire ou elliptique, il n'y aura qu'à diviſer leur plan ou profil en tel nombre de parties égales que l'on voudra, ce qui ne changera rien dans la pratique ; & l'on trouvera toûjours par la même méthode la hauteur des perpendiculaires élevées ſur chaque point du plan perſpectif, ce que nous jugeons ſi facile à entendre après ce que nous en avons dit ci-deſſus, qu'il eſt inutile de s'y arrêter davantage.

REMARQUE.

Nous avons démontré dans le 4ᵐᵉ Théorème de la premiere Partie, que ſi l'axe de la pyramide des rayons viſuels ſe trouve dans le plan de la circonférence d'un cercle, on verra moins de la moitié de cette circonférence ; & c'eſt ce qui arrive préciſément dans cet endroit, par lequel on ſera bien convaincu que l'œil ne peut jamais voir le diamètre entier *b-c*.

SEPTIEME PRATIQUE.

Mettre en Perſpective toutes ſortes de Corps mixtes réguliers.

PUiſque nous avons traité juſqu'ici des corps réguliers, il faut parler à préſent des corps mixtes de la premiere eſpece ; c'eſtà-dire, des corps mixtes réguliers, deſquels il y en a autant d'eſpeces différentes que l'on puiſſe s'imaginer, parmi leſquelles on peut comprendre les colonnes, toutes ſortes d'Edifices réguliers ; tels que ſont les Egliſes, les Palais, les Places publiques, & une infinité d'autres, dont il faut toûjours marquer le plan geometral & le profil auparavant que de les mettre en perſpective.

On

On peut avoir remarqué ci-deſſus, que le profil ou hauteur naturelle de chaque corps que nous avons mis juſqu'à préſent ſur la
ligne de terre, diminue à meſure que les objets s'en éloignent,
en s'enfonçant dans le Tableau; enſorte que tout l'artifice pour
avoir ces différentes hauteurs, ne conſiſte qu'à faire une échelle
fuyante, ſur laquelle on trouve ces diminutions à meſure que les
objets s'éloignent de la même ligne de terre, comme on l'a pû
voir dans la figure de la propoſition précédente, où cette échelle
que j'appelle proprement échelle de perſpective, eſt compriſe dans
le triangle F 6-10, & où la hauteur 6-10 ne ſert que pour le point
a qui ſe rencontre dans la ligne de terre 11-10; au lieu que pour les
autres points qui rentrent dans le Tableau, tels que ſont les points
d & *e*, il ne faut plus ſe ſervir de la ligne 6-10 pour la hauteur
des perpendiculaires, mais des parallèles à la ligne de terre provenant des points *d* & *e*, & compriſes entre 6 F & 10 F, ainſi que
nous l'avons expliqué dans les Pratiques précédentes.

Soit donc à mettre en perſpective une colonne dorique avec ſa
baſe & ſon chapiteau, deſquels il faut marquer le plan geometral
à part, & que nous avons placé à côté dans la Planche IV. fig. 2.
dont les lignes pleines marquent le plan de la baſe, & les lignes
ponctuées celui du chapiteau: après qu'on aura mis ce plan en racourci on pourra faire ſon échelle perſpective ſur la ligne de terre
A B, en prenant ſur icelle CB de quatre pieds de longueur, & en
tirant au point E de la ligne horiſontale les lignes CE & BE; car
ſi cette colonne a ſeize pieds de haut, & que ſa baſe & ſon chapiteau ſoient d'un pied de hauteur, il ſera facile par le moyen de
cette échelle, de mettre toute la colonne en perſpective, ſi l'on
ſe reſſouvient de ce que nous avons dit dans les Pratiques précédentes: mais pour le faire plus exactement, il faut avoir le profil
de toutes les parties de la colonne. Nous l'avons mis ici au-deſſus
du plan geometral.

Je ne m'arrêterai point ici aux différentes eſpeces de colonnes
qui peuvent avoir leur difficulté particuliere, comme ſont les Jo-
niques & Corinthiennes, non plus qu'aux entablemens de ces ordres; car pourvû qu'on ait le plan geometral & le profil juſte de
leurs parties, on pourra avec le ſecours de ce qui a été dit, & de
ce que nous dirons dans la ſuite, mettre toutes ces parties en perſpective, de quelque côté qu'on veuille les regarder; & c'eſt à
quoi l'on doit beaucoup s'exercer de ſoi-même, ſi l'on veut acque-
rir quelque facilité dans les opérations de la Perſpective. Paſſons à
un autre ſujet.

Soit à mettre en perſpective une pyramide portée ſur un piedeſtal, environné d'un perron de cinq marches; il faut d'abord

O

en tracer le plan geometral sous la ligne de terre comme dans la Planche V. fig. 1. ou si vous voulez à part. Le quarré N Q marque le plan de ce piedeſtal, qui eſt auſſi celui de la pyramide, dont le centre eſt C. La premiere des marches eſt marquée par les lettres H,I,L,M. La ligne de terre du tableau ſera la droite A B, la ligne horiſontale C D, & le point de vûe E. L'on mettra tout le plan en racourci à l'ordinaire. Le profil ou hauteur naturelle de chaque partie ſera marqué à part, ſi on ne peut le mettre commodément ſur la ligne A B : nous l'avons mis ici le long de la ligne D S aux points S-k-o-z, &c. c'eſt-à-dire, que S-k ſera la hauteur des cinq marches du grand perron, k-z la hauteur de toute la baſe du piedeſtal, k-o étant celle du ſocle, z-y ſera la hauteur du dé du même piedeſtal, y-x celle de ſa corniche, & x-V celle de la pyramide.

Pour avoir l'échelle perſpective dont nous avons beſoin, tirez la droite S T perpendiculaire à S V, que vous ferez égale à B D : Joignez enſuite les points V & T par une ligne droite, & tirez au point T des lignes de toutes les diviſions de la droite du profil V S, & l'échelle perſpective ſera faite, dont l'uſage eſt tel que nous l'avons dit ci-deſſus.

Comme ſi ayant élevé du point c du plan perſpectif la perpendiculaire c-a, ſur laquelle doit être marqué le ſommet de la pyramide, nous voulons ſçavoir à quelle hauteur doit être marqué le point a, prenez avec le compas quarrement la diſtance du point c à la ligne de terre A B, que vous porterez ſur S T du point S au point 9, duquel ayant mené la droite 9-10 parallele à S V, il n'y a qu'à porter la longueur 9-10 ſur la perpendiculaire c-a, du point c au point a, & le point a ſera le ſommet de la pyramide.

De même ſi ayant élevé du point 5 du plan perſpectif la perpendiculaire 5-7, nous voulons avoir le point 7 qui donne le deſſus de la cinquiéme marche, laquelle porte la premiere aſſiſe du piedeſtal, il n'y a qu'à prendre quarrement avec le compas la diſtance du point 5 à la ligne de terre A B, que vous porterez ſur S T du point S au point 13, duquel ayant mené la droite 13-14 parallele à S V, & qui coupe k T au point 14, vous porterez la même 13-14 ſur 5-7 du point 5 au point 7, & vous aurez le point 7, duquel ayant mené la droite 7-o parallele à A B, & les fuyantes 7 E & o E, le plan du deſſus de la cinquiéme marche ſe trouvera décrit : la même échelle perſpective ſervira pour avoir les hauteurs des autres perpendiculaires élevées ſur chaque point du plan perſpectif, comme il eſt aiſé de voir par la ſeule inſpection de la figure.

Comme il y a plus de difficulté à mettre en perſpective les eſcaliers ou perrons, j'en donnerai encore un exemple, qui étant bien entendu, suffira pour éclaircir cette Pratique.

Soit donc (dans la Planche V. fig. 2.) le plan geometral d'un Perron composé de cinq marches, dont la derniere est circulaire & prise dans la terrasse même où ce perron doit conduire, sur laquelle sont deux dez ou piedestaux, dont l'un est marqué par les lettres N I Z. J'ai encore figuré un bassin octogone, dont le fond est plus bas que la terrasse, de deux pieds : il faut mettre d'abord ce plan en racourci sur le tableau, comme on le voit dans la figure aux points n, d, m, o, u, r, p, &c.

Si on donne six pouces de hauteur à chacune'de ces marches, & un pied & demi à la hauteur des dez, la terrasse sera élevée de deux pieds & demi au-dessus du jardin, & les deux dez de quatre pieds. Prenez sur A B une longueur comme A 1, égale à la toise du plan geometral, que vous diviserez en six parties égales aux points 2-3-4-5-6, qui seront autant de pieds ; desquels si vous tirez autant de lignes au point C de la ligne horisontale, l'échelle perspective sera renfermée dans le triangle 1 C A, dont voici l'usage.

Tirez de tous les points du plan perspectif des perpendiculaires à A B, & d'autres qui lui soient parallèles, finissant sur la droite A C ; & les parties de ces mêmes parallèles comprises entre les côtez 1 C & C A du triangle 1 C A, seront autant de toises divisées en six pieds, répondant aux endroits du plan perspectif, d'où ces mêmes parallèles sont tirées, & qui serviront à terminer les perpendiculaires à A B élevées de chaque point du même plan perspectif.

Comme si nous voulons avoir la hauteur de la quatriéme marche qui forme un pallier ou repos, compris entre le dessus de cette marche, & le bas de la cinquiéme, tirez des points r & g du plan perspectif les perpendiculaires r-s & g-h, & la parallele r-3-x, & en prenant deux pieds sur cette parallele du point x au point 3, portez cette longueur x-3 sur la perpendiculaire r-s du point r au point s, & sur la perpendiculaire g-h du point g au point h ; & ces deux points s & h marqueront le dessus de la quatriéme marche que nous cherchons, à laquelle il faudra donner six pouces de hauteur en descendant, que l'on prendra sur la même échelle 3-x, & que l'on rapportera au-dessous des mêmes points s & h, ainsi qu'il est marqué sur la figure.

De même pour avoir la hauteur de la terrasse, qui est le dessus de la cinquiéme marche circulaire, tirez des points p & y du plan perspectif la parallele p-3-x, qui tombe à peu-près avec celle des points r & g, & vous prendrez avec le compas sur la parallele 3-x deux pieds & demi, que vous porterez sur les perpendiculaires

p-q & *y-z* aux points *q* & *z*, & ces points *q* & *z* marqueront le
deſſus de la cinquiéme marche, qui ſera le rez de chauſſée de la
terraſſe.

On terminera de la même maniere la hauteur des dez, en éle-
vant des points *n* & *j* de leur plan perſpectif les perpendiculaires
n-o & *j-l*, & les autres, &ᐟ marquant ſur icelles quatre pieds que
l'on prendra ſur l'échelle perſpective qui leur répond, vous aurez
les points *l* & *o* qui marqueront le deſſus du piedeſtal ou dé N I Z:
les autres points de la figure ſe trouveront par la même méthode.

Il faut parler préſentement des voûtes, comme paroiſſant plus
difficiles, & nous choiſirons une voûte d'aireſte, qui ſuffira pour
faire entendre les autres.

Soit marqué le plan geometral à l'ordinaire, ſous la ligne de
terre du tableau G, H, (dans la Planche VI. fig. 1.) dans lequel
D F eſt la ligne horiſontale, & le point de vûe E; le point F ſera
celui de diſtance. Il faut d'abord mettre le plan geometral en racourci, qu'il eſt aiſé de reconnoître par les lignes ponctuées marquées des mêmes lettres ou chiffres du plan geometral: & après
avoir fait à part l'échelle perſpective A B C, de la maniere que nous
l'avons enſeigné, on tirera de chaque point du plan perſpectif des
perpendiculaires à la ligne de terre G H, que l'on terminera par
le moyen du profil geometral à l'ordinaire.

Comme ſi nous voulons avoir la hauteur de la perpendiculaire
7-8, depuis le rez de chauſſée ou pavé juſqu'au deſſus de l'impoſte
des arcades, qui eſt la naiſſance ou premiere retombée de la voûte,
il faut prendre ſur le profil cette hauteur que l'on trouvera être de
quatorze pieds & demi. Ainſi après avoir pris quarrement la diſtance
qu'il y a du point 7 à la ligne de terre G H, portez cette diſtance
ſur A B de l'échelle perſpective du point A au point *d*, duquel ayant
tiré *d-d* parallele à A C, cette ligne *d-d* ſera l'échelle diminuée; ſur
laquelle ſi vous prenez quatorze pieds & demi, & que vous les
portiez ſur la perpendiculaire 7-8, du point 7 au point 8, vous aurez
la hauteur du deſſus de l'impoſte que l'on cherche.

De même encore, ſi vous voulez avoir la hauteur de la perpendiculaire *f-o*, qui eſt celle depuis le pavé juſqu'au milieu de la clef
de la voûte ou les deux aireſtes ſe croiſent, prenez cette hauteur
ſur le profil que vous trouverez être de dix-neuf pieds & demi:
Prenez enſuite quarrement la diſtance qu'il y a du point *f* du plan
perſpectif à la ligne de terre G H, & la portez ſur A B de l'échelle
perſpective du point A au point *f*, duquel ayant tiré la parallele *f-f*,
elle ſera l'échelle diminuée de la ligne *f-q* du plan racourci, ſur
laquelle ſi vous prenez dix-neuf pieds & demi, & que vous les
portiez

portiez fur les perpendiculaires *f-o* & *q-r*, vous aurez les points *o* & *r* que l'on demande, & ainſi du reſte, comme on le peut voir dans la figure.

Les Bâtimens pouvant être regardez comme des corps mixtes reguliers ou irreguliers, nous en donnerons dans la ſuite quelques exemples dans la pratique deſquels il n'y a rien de différent de ce que nous avons établi ci-deſſus.

Je commencerai par un Sallon octogone flanqué dans ſes pans coupez de quatre Cabinets où j'ay marqué des cheminées, moins par neceſſité, que pour faire connoitre la maniere de les mettre en perſpective, ainſi qu'on le voit dans la Planche VI. figure 2. Ce Sallon pourroit être placé au centre d'une Etoille, où pluſieurs Allées d'un Parc iroient aboutir; & ſon uſage ſeroit, ou pour ſe repoſer & y prendre le frais, ou même y faire quelque repas; les Cabinets ſont propres à ſerrer tout ce qui peut avoir rapport à la deſtination qu'on en veut faire: comme on pourroit faire des ſoûterrains ſous toutes ces pieces, on y pratiqueroit des Offices, en faiſant une deſcente dans un des Cabinets.

On verra ſous la moitié du plan geometral que j'ay mis ſous la ligne de terre A B des lignes ponctuées qui marquent le plan des combles & des ſouches de cheminées: Je ne repeterai point icy la maniere de les mettre en perſpective, parce que je ſuppoſe que j'en ay aſſez dit ſur ce ſujet, & qu'il faut laiſſer à ceux qui voudront s'appliquer ſerieuſement à cette ſcience, des ſujets pour s'exercer d'eux-mêmes, & mettre en pratique les regles précedentes.

J'ay encore marqué à côté du même plan la hauteur geometrale de tout cet édifice ſur la ligne A B, & l'échelle perſpective dans le milieu du plan geometral C D G, l'échelle du plan geometral eſt ſur la ligne C G, laquelle ſe doit appliquer ſur la ligne de terre H I, & la hauteur; D doit être égale à H E du tableau, dans lequel la ligne horiſontale eſt marquée par la ligne E F; le point de vûe eſt le point O, & les points de diſtance L L.

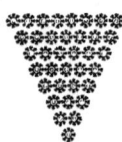

HUITIEME PRATIQUE.

Pour les Objets vûs de bas en haut.

Nous avons donné jufqu'icy l'explication de differentes Pratiques de perfpective, tant pour les plans perpendiculaires à l'horifon que pour ceux qui luy font parallèles ou inclinez ; il nous refte à parler de cette efpece de perfpective, où l'œil regarde de bas en haut, laquelle comprend les deffeins ou compartimens qui fe font dans les Plafonds ou dans les Voûtes : cette partie regarde les Peintres pour l'execution, auffi-bien que quelques autres dont nous avons parlé : mais elle a ceci de particulier, qu'elle demande une plus parfaite connoiffance dans l'Architecture, puifque les membres de fa compofition doivent répondre à ceux qui fervent d'ornement aux murs qui foutiennent ces Voûtes ou ces Plafonds. Si cette condition en augmente la difficulté, on peut dire en récompenfe qu'elle a des beautez plus furprenantes, & qu'elle fait voir jufqu'où peut aller la force merveilleufe de cet art, lors qu'il eft foutenu par l'invention du deffein.

Il faut remarquer que dans cette pratique, le tableau n'eft plus dans un plan perpendiculaire à l'horifon, & qu'il peut avoir deux fituations differentes ; car les Plafonds font dans des plans parallèles à l'horifon, & les Voûtes dans des plans qu'on peut dire mixtes, & qui font inclinez au même horifon : ce qui fait que les objets qui font reprefentez dans les uns & dans les autres, ne peuvent être vûs que de bas en haut, & qu'il faut choifir pour cet effet un point fixe, duquel ces mêmes objets paroiffent comme s'ils étoient vûs, non plus fur le Plafond, mais fur les murs qui le foutiennent, & qu'on fuppofe élevez autant au-deffus du même Plafond, qu'on veut augmenter la hauteur apparente de la piece dont on veut peindre le Plafond ; en forte que ce même Plafond ne doit plus être regardé que comme une glace tranfparente, au travers de laquelle on verroit ces mêmes murs de la hauteur augmentée que l'on fuppofe avec toutes les parties qui les compofent.

Soit donc (dans la Planche VII. figure 1.) A B C D le profil d'un Cabinet ou Sallon quarré dont A B marque la longueur d'un des côtez que je fuppofe de vingt-quatre pieds : la hauteur de cette piece fera la ligne A C ou B D de quinze pieds, & la ligne C D fera le profil du Plafond que je fuppofe droit & non ceintré.

On veut que ce Cabinet, qui n'a que quinze pieds de hauteur,

paroiſſe en avoir vingt-un ; ce qui ne ſe peut faire qu'en traçant
ſur une partie du Plafond ce qui devroit paroître ſur les quatre
murs de cette piece, s'ils avoient vingt-un pieds de haut, c'eſt à dire,
ſi le Plafond étoit plus élevé de ſix pieds comme en HM : il faut
donc continuer AC & BD juſqu'en H & M, en faiſant CH & DM
de ſix pieds, & marquer dans cette partie augmentée, ce qu'on
voudroit y faire paroître, ſi la piece étoit de toute la hauteur A H :
nous y avons tracé des pilaſtres aſſez groſſierement, c'eſt-à-dire,
ſans baſe & ſans chapiteau, pour éviter la confuſion des lignes,
entre leſquels ſont des compartimens quarrez, qui pourroient être
des Tableaux, comme 7-8, 11-12. Cette préparation faite, prenez
le quart de tout le Plafond qui eſt repreſenté par le triangle CDE ;
puis du point R, milieu de AB, élevez RQ égale à la hauteur de
l'œil que nous ſuppoſons placé au point Q, duquel ſi vous tirez au
point H la droite QH, elle coupera la ligne CD du Plafond au
point *a*. Que ſi vous prenez avec le compas la diſtance du point C
au point *a*, & que vous portiez cette même diſtance ſur la ligne
du milieu ROE du point O au point *b* : ſi vous tirez de ce point *b*
la parallele G *b* F finiſſant de part & d'autre ſur les diagonales CE
& DE, le trapeze CGFD renfermera tous les ornemens, & les
parties compriſes entre les lignes CD & HM, qu'il ſera facile de
rapporter ſur ledit trapeze, comme vous l'allez voir.

Après avoir prolongé toutes les perpendiculaires 7-7, 8-8,
3-1, 4-2 juſques ſur la ligne CD que nous prendrons pour la
ligne de terre, nous tirerons de tous ces lignes fuyantes au point E, telles ſont les lignes 9-10, 5-*m*, 6-*n*, 1-*o*,
2-*p*, & leurs ſemblables, leſquelles marqueront déja dans le tra-
peze CF les côtez des pilaſtres, & des quadres ou tableaux qui
doivent y être repreſentez; il n'y a plus qu'à terminer leur hauteur,
ce que nous ferons de cette maniere. Prolongez les lignes 7-8, &
7-8 haut & bas juſques contre la ligne CH, & des points I & L où
elles coupent cette même ligne CH, tirez au point Q les droites
IQ & LQ, elles couperont la ligne CD aux points *b* & *c* : Prenez
avec le compas les diſtances du point C aux points *b* & *c*, & les rap-
portez ſucceſſivement du point O de la ligne OE aux points *f* & *d*.
Si des points *f* & *d*, vous tirez les paralleles *fff* & *ddd*, elles couperont les fuyantes 5-*m* & 6-*n* en des points *m* & *n*, &c. qui ſont
ceux que nous cherchons.

Vous aurez donc ſur le trapeze CGFD les mêmes compartimens que nous avions marqué ſur la partie augmentée CHMD,
leſquelles vûs d'en-bas & du point Q, que nous ſuppoſons être au
milieu de la piece, paroîtront à l'œil, comme s'ils étoient aplomb
ſur la muraille prolongée AHBM, quoyqu'ils ſoient figurez ſur

le Plafond, dont le quart est representé par le triangleCED; les trois autres parties du même Plafond seront pareilles à CED; & l'on verra par cette pratique un des plus surprenans effets de la Perspective, dont la beauté dépend de la justesse de l'execution.

Comme cette pratique n'est pas moins utile qu'elle est curieuse & surprenante, j'en donnerai encore un exemple dans la Planche VII. figure 2. dans laquelle la ligne CD marque toûjours le profil du Plafond sur lequel on veut faire paroître l'ordonnance des pilastres avec les compartimens & voûtes qui sont representez au-dessus de la ligne CO, qui doivent être profilez avec le plus d'exactitude que l'on pourra, & que l'on renvoiera sur le quart du Plafond EODG, de la même maniere que nous l'avons enseigné ci-dessus. Les lignes marquées des mêmes lettres & caracteres seront assez voir que la pratique est toûjours la même, & qu'il n'y a point d'autre difference entre l'une & l'autre que la representation des corniches, chapiteaux & bases des pilastres, dont les projections sur la ligne CD se rapporteront quarrément sur la ligne OE, comme il a été dit ci-devant.

Si le Plafond n'étoit plus quarré, comme dans les exemples precedens, & qu'il fût d'une portion circulaire, ce qui arriveroit si le plan de la piece étoit un cercle, la pratique seroit toûjours la même, avec cette seule difference, que toutes les lignes droites qui sont paralleles à OD comme *b*, *m* & les autres, seroient autant de cercles concentriques & paralleles entr'eux, dont le centre seroit toûjours au point E; ce que je crois si facile à entendre, que je ne m'y arrêterai pas davantage.

REMARQUES.

On peut bien avoir déja remarqué qu'il y a plusieurs differences considerables entre cette espece de Perspective dont nous traitons en ce lieu, & l'autre que nous avons enseignée auparavant, dont la premiere est que le Tableau est dans un plan parallele à l'horison, au lieu que ci-devant il se trouvoit dans un plan qui lui étoit perpendiculaire.

Secondement toutes les lignes perpendiculaires à l'horison comme HC, 7-7, 8-8, &c. doivent tendre au point E.

Troisiémement les lignes qui sont perpendiculaires à la face que l'on regarde, comme 1-2, & 3-4 vont aboutir au point Q. Enfin les lignes paralleles à CD, comme 7-8 & les autres lui sont encore paralleles sur le Tableau, & suivent le même contour; en sorte que si la ligne CD est circulaire, toutes les autres qui lui sont paralleles seront pareillement circulaires, ce qui étant bien consideré facilite & abrege en même temps cette pratique.

Jo

Je ne parlerai point icy des Tableaux qui se peuvent faire dans des Voûtes comme s'ils étoient faits sur des murs droits & perpendiculaires à l'horison; car on peut dire que ces cas arrivent rarement; & que d'ailleurs ce que nous avons dit dans cette Pratique au sujet des Plafonds, peut suffire pour en trouver la methode, qui ne sera pas difficile à ceux qui seront un peu versez dans la Geometrie.

NEUVIEME PRATIQUE.

Des Scénes ou Décorations de Theatre.

CEtte derniere espece de Perspective étant encore differente des deux que nous venons d'expliquer; je ne doute point que les amateurs de cet Art ne soient assez curieux pour en avoir la pratique; d'autant plus que l'usage en est assez frequent, & que cette partie dépendant en quelque façon de l'Architecture, en faveur de laquelle nous avons entrepris ce Traité, il est bien raisonnable qu'un Architecte sçache plus par lui-même que par le secours des autres Ouvriers, ce qui fait la décoration des Theatres, & la maniere dont on doit se servir pour faire paroître ses côtez d'une longueur beaucoup plus grande qu'ils ne le sont en effet.

On ne peut faire cette agreable surprise que par le secours de la Perspective dont les regles doivent bien changer dans cette espece, puisqu'il s'agit de donner une plus grande apparence de profondeur & d'étendue à toutes les faces differentes qui paroissent sur le Theatre, que l'on peut regarder comme autant de Tableaux differens, puisqu'ils ne sont plus dans les mêmes plans, & qu'ils doivent neanmoins être vûs du même point, aussi-bien que les autres Tableaux dont nous avons parlé jusqu'à present.

Il faut supposer auparavant que d'en venir à la pratique, que l'œil doit être placé en un point fixe, duquel toutes les faces differentes du Theatre étant vûes, elles paroissent être dans des plans bien differens de ceux sur lesquels elles posent, & d'une grandeur plus considerable qu'elles ne sont effectivement, & que plus on s'éloigne de ce point, moins l'œil sera satisfait: car il n'y a qu'un seul point de vûe dans cette espece de Perspective, non plus que dans les autres, ce qui fait que dans les Theatres Royaux on doit placer ce point, non seulement vis-à-vis le milieu de la Scéne, mais directement à l'endroit destiné pour la place du Prince.

Ceci bien entendu, imaginons-nous que (dans la Planche VIII.

Q

figure 1.) la ligne A C foit la coupe ou le profil du milieu de l'aire
ou pavé du Theatre veu par le côté, auquel nous avons donné un
peu plus de pente qu'on n'en donne ordinairement, afin de rendre
la chofe plus fenfible : A B fera le rez de chauffée du Theatre s'il
étoit de niveau : la ligne C E marquera le profil du fond du Theatre, fur laquelle nous prenons le point E auquel la ligne perpendiculaire D E partant de l'œil placé au point D vient aboutir, auquel cas la ligne D E marquera la diftance de l'œil au fond du
Theatre ; & le point E fera le vrai point de vûe, auquel toutes les
lignes des deux côtez doivent tendre neceffairement.

Cette préparation étant faite, il faut comme dans la figure qui
eft au-deffus tirer la ligne N L T que nous prendrons pour le devant du Theatre vû de front, lequel étant fuppofé de la largeur
L T prife à volonté, il faut divifer cette largeur en deux parties
égales au point B, duquel ayant mené la perpendiculaire B A E,
tranfportez la longueur penchante A C du profil, du point B au
point A, en faifant B A égale à A C : ce point A fait voir l'endroit
auquel il faut élever la cloifon qui doit fermer le fond du Theatre,
laquelle doit être tirée parallele à fa face L T : alors fi du point A,
auquel la perpendiculaire B A touche le pied de cette cloifon, vous
élevez la perpendiculaire A E, & que vous la faffiez égale à la hauteur C E du profil, le point E fera le vrai point de vûe, auquel toutes les lignes des côtez doivent aboutir : ainfi pour avoir fur l'aire
du Theatre la vraie fituation des lignes L R & T S, il faut attacher
deux cordes ou fiffelles au point E, d'une longueur fuffifante, defquelles l'une fera immobile, & doit être attachée fortement à l'autre bout à la place de l'œil que nous avons dit être au point D,
& qui dans cette fituation fera perpendiculaire à la face du
fond du Theatre : l'autre corde qui fera pareillement attachée au
même point E fera mobile, & pourra par confequent en la tirant
fortement être appliquée par fon autre bout au point L de la ligne
L T ; alors fi vous placez un flambeau ou quelqu'autre lumiere
de telle forte que ces deux cordes ne faffent qu'une feule ombre,
cette ombre tracera fur le pavé du Theatre la ligne L R, & fur la
cloifon du fond du Theatre la ligne R E qu'il faudra marquer
avec de la craye. Vous en ferez autant de l'autre côté pour avoir
la ligne T S, & vous éleverez des points R & S les perpendiculaires R Q & S y paralleles à A E qui feront voir la partie du fond
du Theatre, laquelle quoyque de beaucoup plus courte que L T
paroîtra neanmoins à l'œil placé en D de la même grandeur que
la même L T.

Il ne refte plus qu'à terminer les hauteurs des cloifons qui doivent former les deux côtez du Theatre, & dont le plan L R & T S

vient d'être trouvé. Marquez fur LN qui fait partie du devant
du Theatre une difpofition de bâtiment telle qu'il vous plaira,
laquelle étant vûe de face du point D doit être deffinée comme
une élevation geometrale, telle que nous l'avons figurée icy entre
les lettres N P O L, dans laquelle on voit une porte au rez de chauffée avec une croifée audeffus. Faites courir la corde mobile attachée au point E., & mettez fon autre extrémité fur le point O;
puis hauffez ou baiffez un flambeau de telle maniere que les deux
cordes, dont l'une eft toûjours immobile, ne faffent qu'une feule
ombre, laquelle marquera fur les cloifons des côtez la ligne O Q,
& fur la cloifon R-y la ligne QE : Que fi vous tirez du point Q
la ligne Q-y parallele à R S, vous aurez les hauteurs tant des côtez
que du fond du Theatre, repréfentées par les lignes O Q & Q-y.

Suppofons encore, pour éclaircir d'autant plus cette pratique,
qu'on veuille faire paroître fur le flanc L R une portion de bâtiment
pareille à la face L N, dans laquelle il y ait une porte & une croifée de la même grandeur que celles qui font marquées dans la
face N O : Prenez pour cet effet avec le compas la grandeur N L
que vous porterez fur le profil du point A au point I, & tirez du
point I au point D, place de l'œil, la ligne I D, laquelle coupera A C
au point 4 : fi vous prenez fur la penchante A C, la longueur A-4,
& que vous la portiez fur B E du point B au point c, vous n'aurez
plus qu'à tirer du point c la ligne c-d parallele à L T qui coupera
L R au point d, duquel fi vous élevez la perpendiculaire d-V, la
partie L O V-d, paroîtra égale à la face L N, dans laquelle vous
tracerez la porte & la croifée par la même methode, c'eft-à dire
en faifant A F & A G du profil, égales à L-8 & à L-7 : car fi des
points F & G vous tirez au point D les lignes F D & G D, elles couperont A C aux points 2 & 3. & en rapportant A-2 fur B 4, & A 3
fur B b, vous n'aurez plus qu'à tirer les paralleles a-h & b-f, & des
points h & f, elever les perpendiculaires h-j, & f-m que vous terminerez en mettant la corde mobile fur le point ii, provenant de
9-10, l'ombre des deux cordes donnera la ligne ii-j-m ; & c'eft de
cette maniere qu'on pourra tracer fur les deux côtez du Theatre
tels ornemens qu'il vous plaira, après les avoir marqué fur la face
N L, ou fur une autre qui luy foit parallele.

Je finirai donc par cette pratique cette feconde Partie, à laquelle
j'aurois pû donner plus d'étendue, fi je n'avois apprehendé d'être
trop long; je croi cependant qu'il y en a affez pour ceux qui auront
la curiofité de s'y appliquer.

Fin de la feconde Partie.

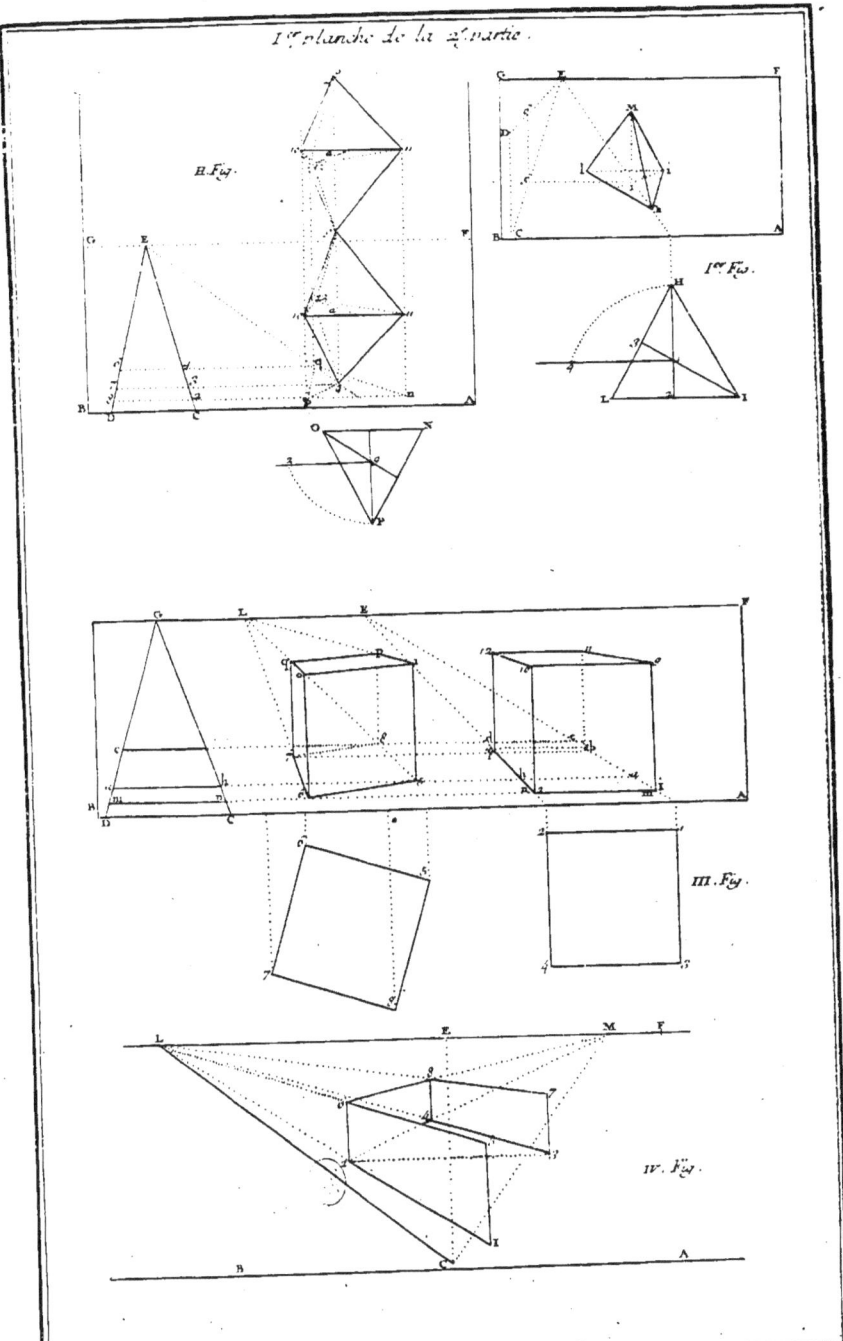

II. Fig.

I.er Fig.

III. Fig.

IV. Fig.

I. Fig.

II. Fig.

III. Fig.

IV. Fig.

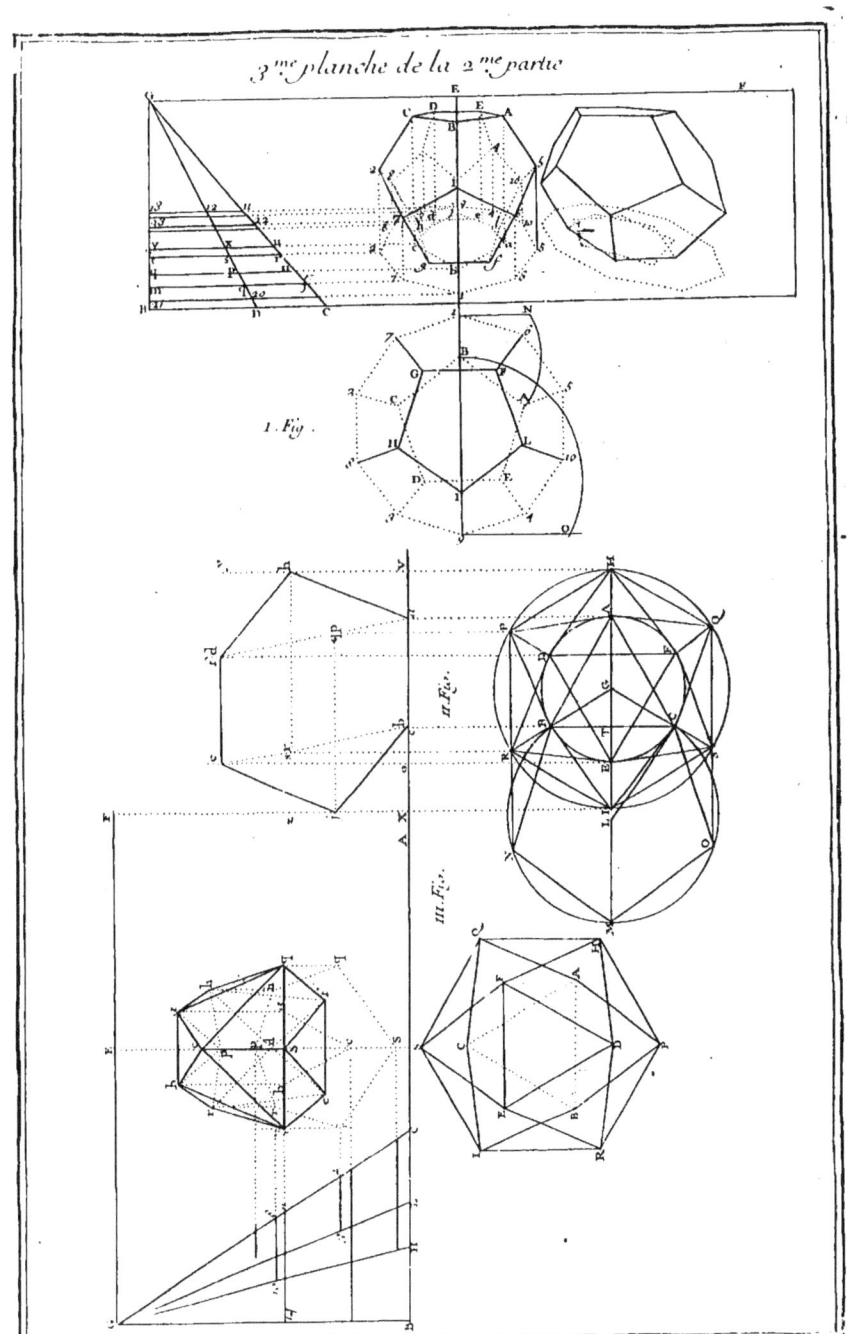

1. Fig.

11. Fig.

111. Fig.

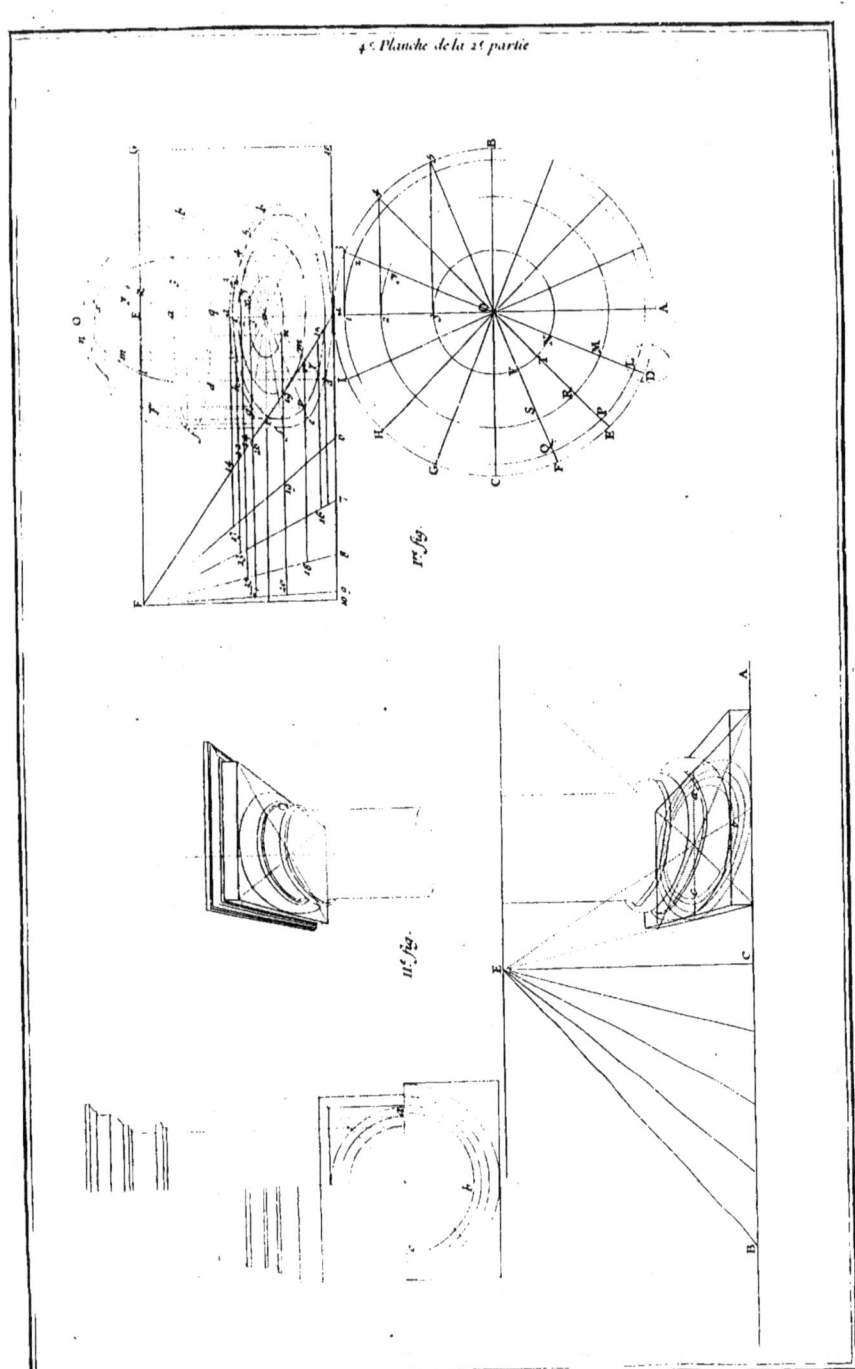

1.ʳᵉ fig.

11.ᵉ fig.

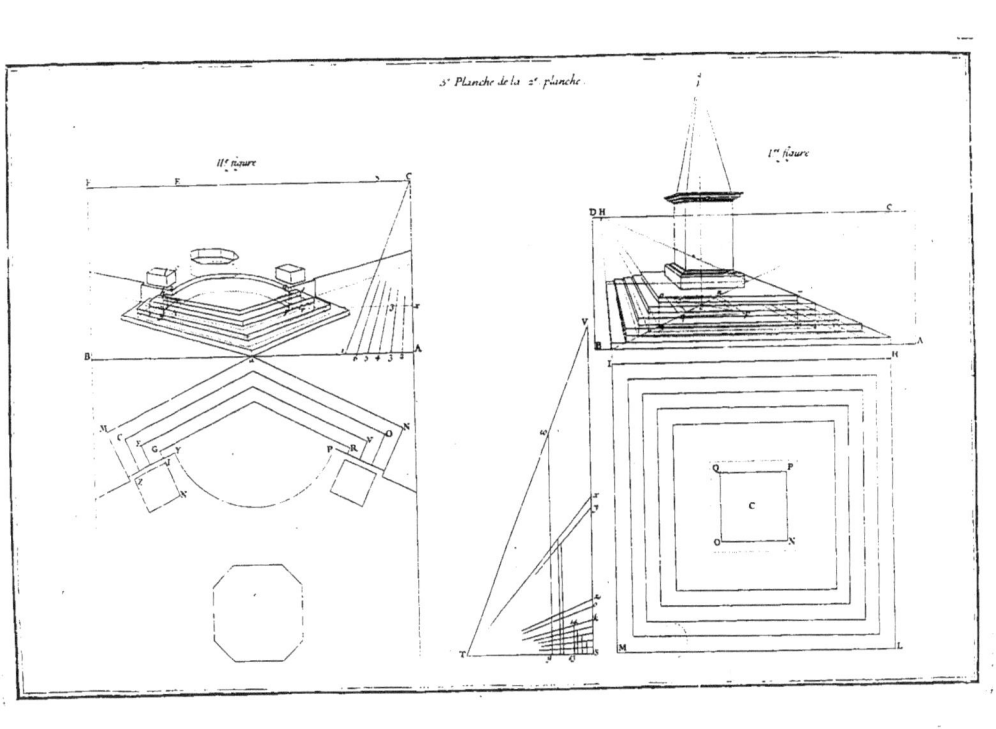

II.e figure

1.re figure

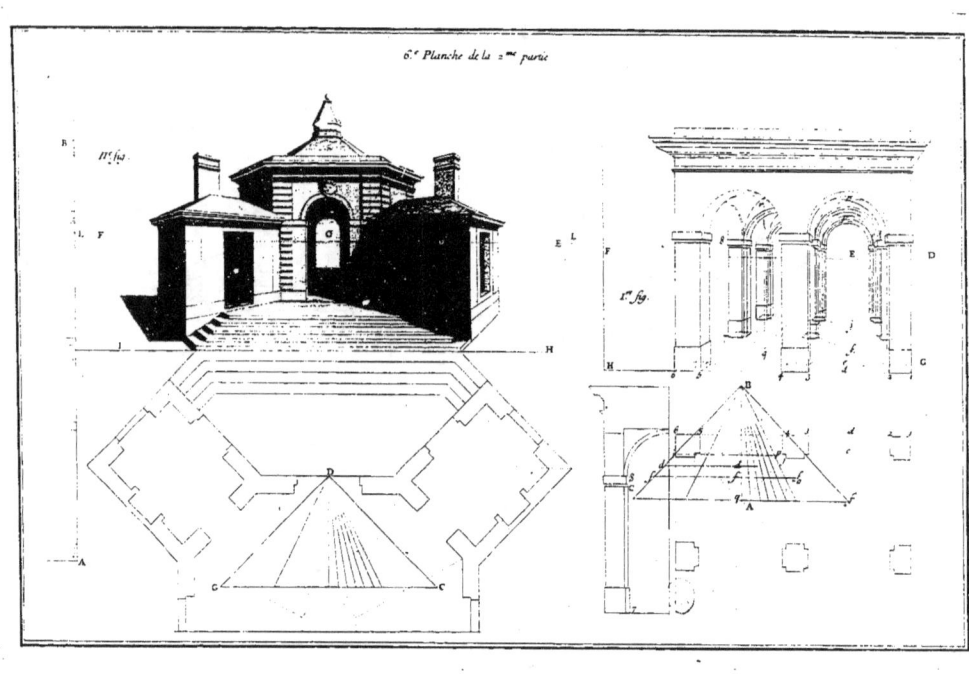

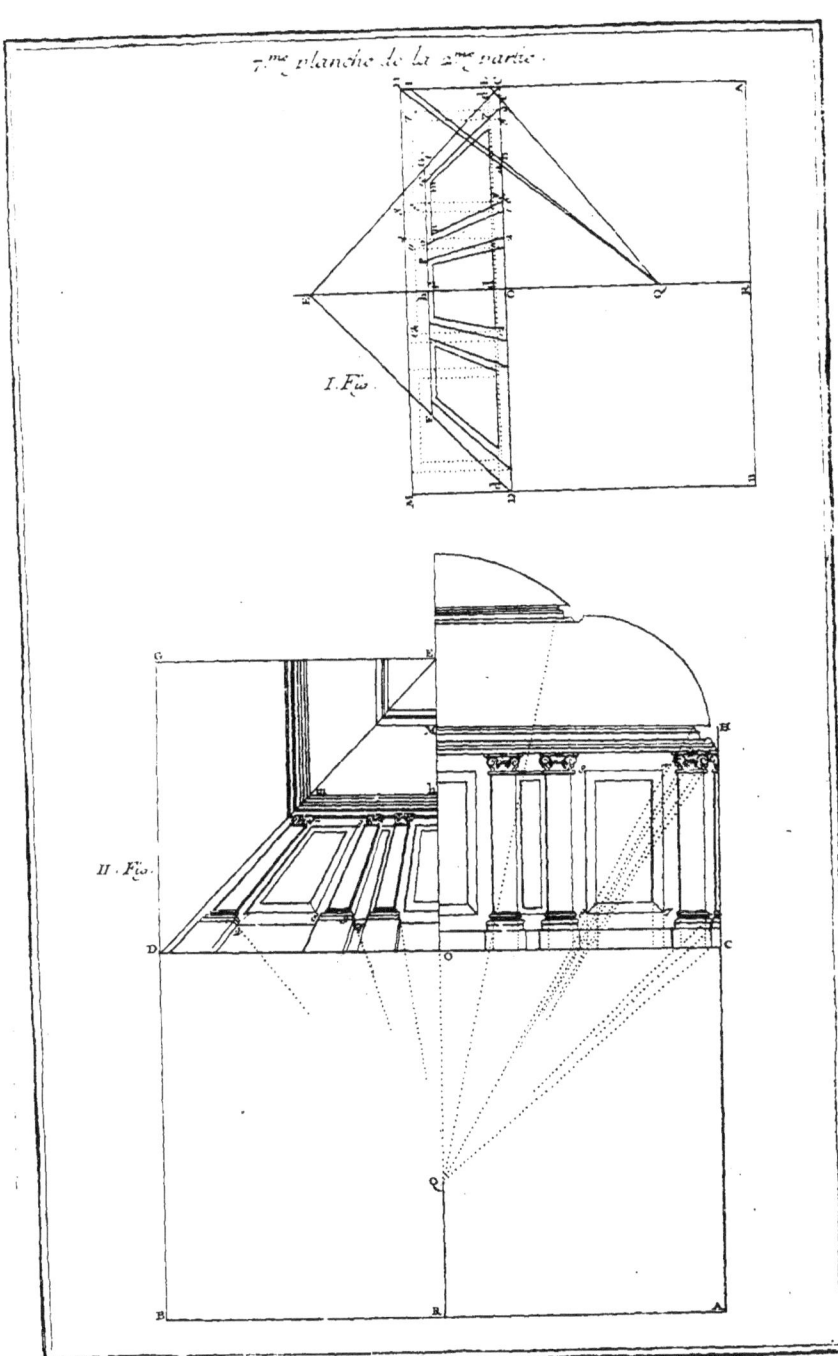

I. Fig.

II. Fig.

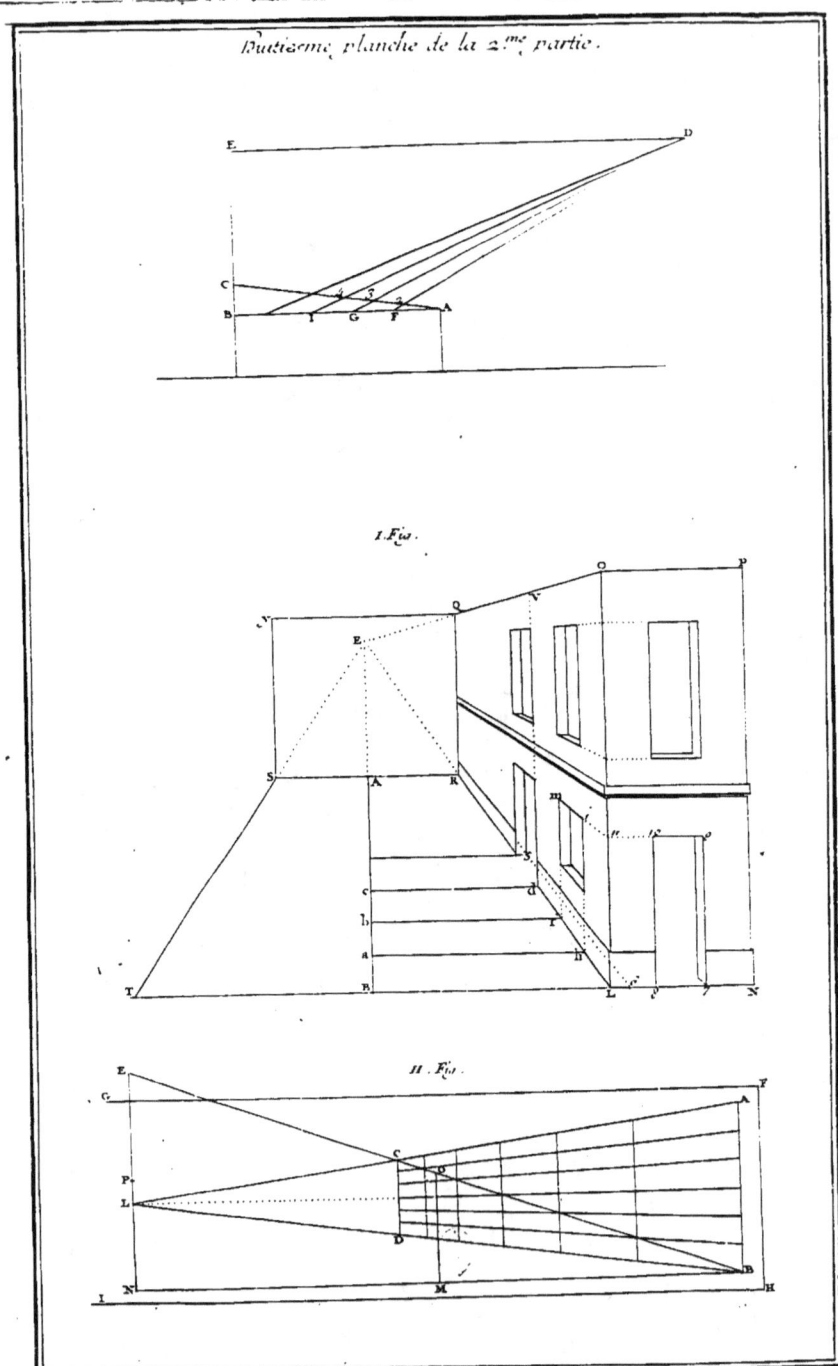

I. Fig.

II. Fig.

TROISIEME PARTIE.

Des Ombres des Corps mis en Perspective.

OMME cette derniere Partie fait une des principa-
les beautez de la Perspective, qu'elle a plus de diffi-
cultez que les autres ; & que suivant les lumieres que
les corps reçoivent des objets lumineux, ils renvoient
du côté opposé des ombres plus ou moins fortes, à
proportion de l'éloignement ou des differens degrez de hauteur
ou de force de ces mêmes corps lumineux ; il faut un peu s'étendre icy sur tous les cas qui peuvent changer leur direction par
rapport à la lumiere qu'ils reçoivent, & du côté qu'ils la reçoivent : ce qui n'a pas été assez expliqué jusqu'à present, & ce qu'il
est pourtant très necessaire de bien comprendre pour l'intelligence
de cet Art. C'est pourquoy auparavant que d'en venir à la pratique, nous donnerons icy l'explication de quelques Theorêmes,
qui étant bien entendus, nous rendront les pratiques qui suivent
plus faciles à comprendre.

THEORÊME PREMIER.

*Si un Corps lumineux & de figure sphérique est égal à un Corps
opaque de semblable figure, il en éclairera la moitié, pendant
que l'autre moitié sera dans l'ombre, & cette ombre jusqu'à
l'infini sera égale à la circonference du Corps lumineux ;
mais si le Corps opaque est plus petit que le lumineux, l'ombre
qui proviendra de celui-ci, ira toujours en diminuant, &
formera une Pyramide.*

SOit premierement (Planche I. fig. 1.) le corps lumineux ABC,
dont le diamêtre AC soit égal au diamêtre DF du corps opaque DEF : je dis que la superficie DEF qui est éclairée par le corps
lumineux ABC est justement la moitié de toute la superficie entiere du corps opaque DEFO ; & que si on continue les rayons de

R

lumiere A D & C F jufqu'à l'infini, ils ne fe rencontreront jamais étant paralleles; d'où il fuit, que l'ombre N H fera égale jufqu'à l'infini au diamêtre A C du corps lumineux A B C.

Secondement, fi fans changer le corps lumineux A B C de place, nous lui oppofons un corps opaque I L, dont le diamétre I L foit moindre que A C; enforte que les rayons de lumiere foient A I & C L; je dis que ces rayons s'approcheront toûjours l'un de l'autre, jufqu'à ce qu'enfin ils fe joignent à un point comme M, & qu'ainfi l'ombre du corps I L ira toûjours en diminuant, & formera la pyramide I M L.

Il fuit de cette feconde partie, que les rayons A M & C M touchant le cercle I 4 L aux points 1 & 2, la circonference 1-4-2 fera entierement éclairée pendant que l'autre circonference 1-2-3 fera dans l'ombre, & qu'ainfi il y aura plus de la moitié du corps opaque I L qui fera éclairée, puifqu'il eft certain que la circonference 1-4-2 eft plus grande que la circonference 1-3-2, ce qui n'a pas befoin de démonftration.

THEORÊME SECOND.

Si un Corps lumineux envoie fes rayons par une ouverture qui lui foit égale & parallele, il produit fur le Corps opaque où fes rayons s'arrêtent une lumiere parfaite qui lui eft égale; s'il eft plus grand que l'ouverture, la lumiere parfaite fera plus petite; mais s'il eft moindre, elle fera plus grande.

LOrfque tous les rayons de lumiere qu'un corps lumineux envoye fur un corps opaque y font entierement reçus fans interruption, cette lumiere s'appelle Pleine ou Parfaite; mais lorfqu'il n'y a qu'une partie de ces rayons qui y eft reçûe, comme il peut arriver par l'interpofition d'un autre corps opaque; cette lumiere eft appellée Imparfaite ou Mixte, parce qu'étant moins éclatante que la premiere, elle tient le milieu entre le clair & l'ombre.

Comme fi dans la Planche I. fig. 2. A B eft le diamêtre d'un corps fphérique lumineux, ou de quelqu'autre figure que ce foit, & que par une ouverture *c d* égale à A B faite dans le mur, I L parallele à A B, il éclaire le mur G H, fi vous tirez des extrémitez A & B les rayons de lumiere A *c e* & B *d f* paralleles entre eux &

perpendiculaires à A B & G H, & les rayons A *d* H & B *e* G paſſant
par les points *d* & *e*, la lumiere qui ſera produite ſur le mur G H
entre les points *e* & *f*, ſera dite pleine ou parfaite, parce qu'elle
reçoit des rayons de tous les points du diamêtre A B; mais la lumiere compriſe entre les points G & *e*, & *f* & H ſera dite imparfaite ou mixte, parce qu'elle ne reçoit qu'une partie des rayons
provenans de A B; de maniere que les parties plus voiſines de G
& H en reçoivent d'autant moins, qu'elles ſont plus proche des
mêmes points G & H, & que cette lumiere va toûjours en diminuant de *e* en G & de *f* en H.

Ceci ſuppoſé, je dis qu'un corps lumineux produit par une ouverture qui lui eſt égale une lumiere parfaite qui lui eſt auſſi égale;
Que lorſqu'il eſt plus grand que l'ouverture, la lumiere parfaite
eſt plus petite; & qu'enfin lorſqu'il eſt plus petit que l'ouverture,
la lumiere parfaite eſt plus grande que le même corps lumineux.

Soit (dans la Planche I. fig. 3.) A B le diamêtre d'un corps ſphérique & lumineux, & *cd* que je ſuppoſe égale à A B, ſoit le diamêtre d'une ouverture circulaire faite dans un mur parallele à A B,
au travers de laquelle ouverture le corps lumineux éclaire le mur
o p; il eſt aiſé de voir que *e f*, qui marque le diamêtre d'une circonference égale à A B, & à l'ouverture *cd*, reçoit une lumiere
pleine & parfaite du corps lumineux A B, puiſqu'il n'y a aucun point
dans A B qui ne renvoye autant de rayons paralleles ſur *ef*.

Secondement, ſoit (dans la Planche I. fig. 3.) *gh* le diamêtre
d'un corps ſphérique lumineux, & *cd* qui eſt moindre que *gh* ſoit
toûjours le diamêtre de l'ouverture circulaire faite dans le mur S T,
au travers de laquelle le corps lumineux *gh* éclaire le mur *o p*. Je
dis, que *jl*, qui eſt produite par les rayons *gej* & *hdl*, eſt beaucoup
moindre que *gh*, puiſqu'elle eſt moindre que *cd*, & qu'il n'y aura
que cette partie *jl* qui recevra une lumiere pleine du corps lumineux *gh*; car ſi vous tirez des points *g* & *h* les lignes *gd*X, & *hc*V
paſſant par les points *d* & *c*, les parties éclairées entre *j* & V, &
entre *l* & X, ne recevant point de rayons de lumiere de tous les
points du diamêtre *gh*, n'auront qu'une lumiere imparfaite.

Enfin ſoit *mn*, le diamêtre d'un corps ſpérique lumineux, & *cd*
qui eſt plus grande que *mn*, ſoit le diamêtre de l'ouverture circulaire faite dans le mur S T, au travers de laquelle le corps lumineux *mn* éclaire le mur *op*: Je dis que *op* qui eſt produite par
les rayons *mco*, & *ndp* eſt beaucoup plus grande que *mn*, puiſqu'elle
eſt plus grande que *cd*; & que cette partie *op* recevra une lumiere
pleine du corps lumineux *mn*. Donc, &c.

COROLLAIRE.

Il fuit de cette propofition, que la lumiere entiere qui procede d'un corps lumineux, lorfqu'elle paffe par une ouverture comme *c d*, de quelque grandeur qu'elle foit, devient plus grande que cette ouverture, comme on le peut voir par la droite V X qui eft beaucoup plus grande que *c d*, ce qui n'a pas befoin de preuve.

REMARQUE.

Puifque nous avons parlé des lumieres parfaites & imparfaites; il faut dire, quelque chofe des ombres qui font pareillement de deux efpeces; car il y en a de pleines ou parfaites, & des mixtes ou imparfaites.

Soit (dans la Planche I. fig. 4.) A B le diamêtre d'un corps lumineux, entre lequel & la muraille P T foit pofé un corps opaque & pareillement fphérique, dont le diamêtre parallele à A B & à la muraille, foit la ligne C D. Tirez des points A & B qui font les extrémitez du corps lumineux, par les points C & D les lignes A C E & B D F, jufqu'à ce qu'elles rencontrent le mur P T aux points E & F. Je dis premierement que l'efpace compris entre E & F fera pleinement ombré, parce qu'il n'y a aucun point dans ce même efpace qui puiffe être éclairé par le corps lumineux A B.

En fecond lieu, tirez des mêmes points A & B les lignes B C O & A D S, jufqu'à ce qu'elles rencontrent le mur P T aux points O & S : Je dis que l'ombre comprife entre les points E & O & les points F & S, fera mixte ou imparfaite, parce que ces deux efpaces E O & F S ne recevront qu'une partie des rayons de lumiere provenant de A B; de forte que les points entre E & O qui font plus voifins de E, en recevront moins que ceux qui font plus proche du point O ; ce qui fait que cette ombre, qui eft pleine entre E & F, ira toûjours en diminuant jufqu'aux points O & S, où cette ombre entierement affoiblie s'unira avec la lumiere du mur provenant du corps lumineux A B, & commençant aux points O & S.

Cette remarque eft de la derniere importance, & particulierement aux Peintres, lorfqu'ils tirent leur jour de quelque corps lumineux que ce foit, fi nous en exceptons le Soleil, dont les rayons étant fuppofez paralleles entre eux, produifent des ombres qui paroiffent feches & coupées à la différence des autres corps lumineux, ou des jours que l'on peut tirer par des portes ou croifées en l'abfence du Soleil; car en ce cas on prend la grandeur de l'ouverture comme fi c'étoit un corps lumineux, & les ombres qui en proviennent

viennent vont toûjours en adouciſſant , juſqu'à ce qu'elles s'uniſſent inſenſiblement avec la lumiere , & c'eſt en cela que conſiſte le plus grand art des clairs & des ombres, qui fait toute la beauté de la Peinture.

Nous avons ſuppoſé dans la même figure, que les rayons de lumiere provenant du corps A B tomboient perpendiculairement ſur le mur P T ; mais s'ils y tomboient obliquement , (comme dans la Planche I. fig. 5.) il arriveroit que l'ombre mixte auroit plus d'é-tendue du côté de l'angle obtus A G L dans Planche I. fig. 5. où la partie L G eſt plus grande que H I. Ainſi l'ombre pleine ou par-faite du corps opaque D éclairé par A B ſera compriſe entre G H, & l'ombre mixte ou imparfaite entre L & G d'une part, & H & I de l'autre.

SECONDE REMARQUE.

Comme la puiſſance d'un corps lumineux n'eſt pas infinie, il s'enſuit que ſon action diminue à meſure qu'elle s'éloigne ; c'eſt-à-dire, que plus le corps opaque eſt éloigné du corps lu-mineux, & moins la lumiere qu'il en reçoit doit être ſenſible , ce qui doit s'entendre auſſi des ombres qui en ſont produites, étant vrai de dire, que l'ombre d'un corps opaque eſt d'autant plus forte, qu'il eſt plus voiſin de ſon objet lumineux, & de même du contraire ; c'eſt-à-dire, que l'ombre doit diminuer de force ou s'af-foiblir, s'il m'eſt permis de ſe ſervir de ce terme , à meſure qu'elle s'éloigne du corps lumineux qui la produit ; d'où il ſuit encore, que lorſque la puiſſance d'une lumiere eſt proche de ſa fin, la dif-ference du clair & de l'obſcur, ou ce qui eſt la même choſe , du corps éclairé & de l'ombre, devient aſſez imperceptible.

On demande au ſujet de cette remarque, ſi la diminution de la lumiere ſe fait également par des eſpaces égaux. Pour entendre cette queſtion , ſoit (dans la Planche I. fig. 6.) le point A un point de lumiere élevé au-deſſus du plan horiſontal C B de la hauteur A B : ſi nous ſuppoſons que la puiſſance de la lumiere A finiſſe au point C du plan C B, & que l'eſpace compris entre C & B aſſiette du point A ſoit diviſé en quatre parties égales aux points D E & F ; on demande ſi la diminution de la lumiere qui ſe fait de F en E, & de E en D, & de D en C eſt auſſi égale ; de ſorte que ſi cette di-minution étoit égale en donnant à la lumiere A la puiſſance de quatre degrez, le point F n'en auroit plus que trois, le point E deux, & le point D un ſeul degré.

Je réponds que cette diminution ſe fait inégalement ; & pour ſçavoir avec quelle proportion elle ſe doit faire, faites du point A,

S

comme centre, l'arc de cercle 4-1-B , & tirez du même point A
aux points CD & E & F les lignes AC, AD, AE & AF, elles
couperont l'arc 4 B aux points 4, 3, 2, & 1, qui donneront les portions de cercle B 1, 1-2, 2-3, & 3-4 qui feront entre elles comme
ces diminutions; en forte que la lumiere qui fera entre E & F fera
à celle de F B comme l'arc 2-1 eft à l'arc 1 B, de même là lumiere
de D E fera à E F comme l'arc 3-2 eft à 2-1 ; & enfin CD fera à
D E comme l'arc 4-3 eft à 3-2. Donc la diminution de lumiere ne
fe fera point également dans des efpaces égaux, mais inégalement
& dans la même raifon que B 1 l'eft à 1-2 , &c.

Après ces connoiffances generales que j'ai crû néceffaires d'établir , auparavant que d'en venir à la pratique des lumieres & des
ombres , nous dirons que les corps mis en perfpective peuvent
être éclairez ou par le Soleil, comme il fe fait dans plufieurs Tableaux , foit d'Hiftoires ou de Payfages , & principalement dans les
fujets qui regardent l'Architecture, ou par une lumiere fuppofée
que l'on place à volonté, ainfi qu'il arrive néceffairement lorfque
le Tableau repréfente un fujet qui fe paffe pendant la nuit ou dans
des lieux inacceffibles aux rayons du Soleil. Nous parlerons de tous
ces cas dans la fuite. Il faut commencer par le premier, comme
le plus difficile, à caufe des différentes fituations , fuivant lefquelles
les fujets du Tableau peuvent recevoir la lumiere du Soleil, non-
feulement par rapport à la différente élevation qu'il peut avoir fur
l'horifon, mais encore à la partie du ciel où on le fuppofe à l'égard
du plan du Tableau.

On peut réduire les différens lieux du Soleil à l'égard du Tableau
à quatre efpeces particulieres ; car ou il fera dans le plan même
du Tableau , ou il fera dans un plan perpendiculaire au Tableau,
qu'on appelle autrement vertical à une certaine élevation fur l'horifon ; ou il fera dans le même plan vertical & dans le plan du Tableau , auquel cas il feroit dans le Zenith ; ou enfin il fera hors du
plan du Tableau & du plan vertical , à droite ou à gauche du même
vertical ; en forte que s'il eft à la droite du Tableau, la projection
des ombres fe fera de l'autre côté, c'eft-à-dire , de la gauche, & au
contraire les ombres feront portées à droite , fi le Soleil eft fuppofé
à la gauche du Tableau.

Il eft bon de remarquer ici qu'on fuppofe prefque toûjours le
Soleil dans cette derniere fituation , c'eft-à-dire, hors du plan du
Tableau & du plan vertical : on ne s'eft jamais avifé de le placer
au Zenith , car les ombres des corps élevez au deffus de la terre
feroient un effet ridicule , & les corps qui pofent fur la terre ne
produiroient aucune ombre, ce qui réuffiroit encore plus mal.
Ainfi nous ne parlerons point ici des ombres que feroit le Soleil

placé dans le Zenith ; il suffira même de donner quelques exemples des deux premiers cas où le Soleil peut se trouver dans le plan du Tableau, ou dans le plan vertical, quoiqu'ils ne soient point de pratique, mais seulement pour faciliter l'intelligence du dernier cas, comme on le verra par la suite de ce discours.

Il faut remarquer premierement, que l'on suppose les rayons d'ombre ou de lumiere provenans du Soleil, comme autant de lignes paralleles ; car quoiqu'elles ne le soient pas effectivement, comme on en peut juger par le premier Theorême de cette troisiéme Partie, il est certain qu'ils le paroissent à cause de la distance presque infinie de la terre au Soleil ; ce qui ne souffre aucune difficulté.

En second lieu, de même que le corps a trois dimensions, sçavoir, la longueur, la largeur & la profondeur, chacune desquelles se peut marquer par une ligne droite : on considere pareillement dans le Tableau trois sortes de lignes ou superficies qui ont rapport aux lignes & aux superficies du cube, desquelles la premiere est la ligne perpendiculaire au même Tableau, laquelle est dans le plan vertical, ou dans des plans qui lui sont paralleles, comme celle qui partant de l'œil, va rencontrer le Tableau au point de vûe, aussi-bien que toutes celles qui lui sont paralleles.

La seconde, est la ligne horisontale, qui est dans le plan même du Tableau, & parallele à la ligne de terre, au nombre de laquelle on peut mettre toutes les lignes qui lui sont paralleles.

La troisiéme enfin, est la ligne perpendiculaire à l'horison, laquelle est aussi perpendiculaire aux deux précedentes.

Soit (dans le Tableau A B C D de la Planche I. fig. 7.) le point de vûe E, la ligne horisontale C D : le plan vertical du même Tableau le coupe à angles droits, comme nous l'avons dit dans la premiere Partie, & sa commune section avec le plan du Tableau est la ligne E F. Je dis que toutes les autres lignes 3-4 E, 5-6 E, & 1-2 E qui tendent au point de vûe E doivent être regardées comme les sections communes d'autant de plans paralleles au plan vertical & perpendiculaires au plan du Tableau.

De même les lignes 5-3 & 6-4, sont dans des plans paralleles à celui du Tableau, on appelle les plans où elles se trouvent, plans de front, qui sont toûjours perpendiculaires au plan vertical ; ainsi le plan 1-3-5-7 est un plan de front, comme le plan 1-2-3-4 est un plan vertical, qu'on appelle encore plan de profil.

Enfin, la ligne 3-1, perpendiculaire à la ligne de terre A B, & qui fait la hauteur du cube 1-2-6-5, est la commune section du plan vertical 3-4-2-1, avec le plan de front 1-3-5-7, & le plan horisontal 5-3-4-6.

Confidérons à préfent les ombres que peuvent produire ces trois lignes féparément fur les trois fortes de plans qui fe trouvent dans le Tableau ; car de cette connoiffance dépend toute la fcience des ombres : c'eft ce que nous allons faire voir dans les trois pofitions différentes du Soleil à l'égard du Tableau.

PROBLÉME PREMIER.

Le Soleil étant dans le plan du Tableau, trouver la projection des Ombres de chaque Corps.

PRemierement, toutes les lignes perpendiculaires au plan du Tableau, & qui aboutiffent au point de vûe, jettent des ombres fur le plan horifontal ou fur fes paralleles, dont les apparences tendent pareillement au point de vûe ; ainfi (dans la Planche II. fig. 1.) la projection de l'ombre de la ligne 9-10 fur le plan horifontal A B, eft repréfentée par la fuyante 17-18, tendante au point de vûe E.

2°. Toutes les lignes perpendiculaires au plan du Tableau jettent des ombres fur les plans de profil ou paralleles au vertical, dont les apparences tendent encore au point de vûe ; c'eft ce qu'on peut voir dans la même figure où la projection de l'ombre de la ligne *a* 6 fur le plan de profil 7-8-3-2 eft repréfentée par la fuyante *r s*, tendante au point de vûe E.

3°. Toutes les lignes perpendiculaires au plan du Tableau jettent des ombres fur les plans de front ou paralleles au Tableau, dont la direction paffe par le point où la perpendiculaire touche le plan de front & par le centre du Soleil, jufqu'à ce qu'étant continuée elle rencontre le plan horifontal : ainfi la projection de la ligne *c d* fur le plan de front *a-c-m* eft repréfentée par la ligne *c m*, qui paffant par le point *m*, iroit jufqu'au centre du Soleil fi elle étoit prolongée, laquelle fe trouve en faifant l'angle *c-m-k* égal à la hauteur du Soleil fur l'horifon que nous fuppofons dans cet exemple de 45 degrez.

4°. Les lignes paralleles à la ligne de terre A B, & qui font par conféquent perpendiculaires au plan vertical, jettent des ombres fur le plan horifontal, dont les apparences font paralleles à la même ligne de terre A B, comme on le peut voir par la ligne *o d* qui donne fur le plan horifontal l'ombre figurée par la ligne *q n* égale à *o d*, & parallele à A B. Je dis que la ligne *q n* eft égale à

o d;

o d; parce que lui étant parallele, & les angles *c-q-n* & *d-n-z* étant égaux, il faut nécessairement que ces deux lignes soient égales entre elles.

5°. Les lignes paralleles à la ligne de terre A B jettent des ombres sur les plans de profil ou verticaux, dont la direction est perpendiculaire à l'horison; ainsi la ligne *x y* sur le plan de profil 8-2, marque l'ombre de la ligne *x u* parallele à A B.

6°. Les lignes paralleles à la ligne de terre A B ne peuvent jetter aucune ombre visible sur les plans de front; car quoique le parallelogramme *q o d n* soit entierement dans l'ombre qui provient de la ligne de front *o d*; & que ce soit un plan de front, cette ombre est invisible parce qu'elle est dans l'air, & que de tout ce parallelogramme, il n'y a que la ligne *q n* qui paroisse sur le plan horisontal : Que si le plan de front *a-c-k-m* paroît ombré, cette ombre ne provient pas de la ligne *o d*, mais de toute la saillie comprise entre *a o* & *c d.*

7°. Les lignes perpendiculaires au plan horisontal ou à la ligne de terre A B, jettent des ombres sur le plan horisontal, dont la direction est parallele à la même ligne de terre A B; ainsi la ligne *j h* est la projection de l'ombre de la perpendiculaire *b g*, & la ligne 17-1 est celle de la perpendiculaire 1-9.

8°. Les lignes perpendiculaires au plan horisontal jettent des ombres sur les plans de profil, qui sont marquées par des lignes aussi perpendiculaires au même plan horisontal; ainsi l'ombre de la ligne *g-h* sur le plan de profil 7-8-3-2, est la ligne perpendiculaire *j-l.*

Enfin, les lignes perpendiculaires au plan horisontal, ne peuvent jetter aucune ombre visible sur les plans de front.

Ces remarques étant bien entendues, il n'est pas difficile de marquer les ombres de quelque corps que ce soit, lorsque le Soleil est supposé à la droite & dans le Tableau; car si sa hauteur au dessus de l'horison est de 45 degrez, comme dans cet exemple, & que nous voulions marquer sur le plan horisontal les apparences d'ombre du corps 1-9-8-10, il n'y a qu'à prolonger les lignes 1-2 & 3-4 sur le plan horisontal du côté de 17 & de 18, & après avoir fait l'angle 1-9-17 égal à la hauteur du Soleil sur l'horison, c'est-à-dire, de 45 degrez, la ligne 9-17 coupera la ligne 2-1 prolongée au point 17, duquel si vous tirez la fuyante 17-18 au point de vûe E, elle coupera la droite 3-4 aussi prolongée au point 18, & vous aurez sur le plan horisontal la figure 1-4-18-17 qui marquera l'ombre du corps proposé.

On peut remarquer ici en passant, que lorsqu'on suppose la hauteur du Soleil sur l'horison de 45 degrez, l'apparence de l'ombre

T

devient égale à la hauteur du corps qui la produit, ce qui peut abreger dans la pratique : Ainsi les lignes 9-1 & 1-17 sont égales aussi-bien que les lignes 4-10 & 4-18, parce que l'angle 9-1-17 étant droit, & l'angle 1-9-17 de 45 degrez, il faut que l'angle 9-17-1 soit aussi de 45 degrez, & par conséquent les côtez 1-17 & 1-9 du triangle rectangle 1-9-17 seront égaux.

On voit encore par cette pratique, que l'ombre de la ligne 9-10 perpendiculaire au Tableau, aboutit au point de vûe E, conformément à la premiere remarque ; cette ombre est figurée par la fuyante 17-18.

L'apparence des autres lignes marquées dans la même figure sur les différens plans dont nous avons parlé, est si facile à trouver par l'inspection seule de la figure après les remarques que nous avons faites, qu'il est inutile de s'y arrêter davantage.

Il pourroit y avoir quelque difficulté, si l'on supposoit que sur le plan supérieur du corps 1-2-7-9-10 on fît poser une pyramide 11-12 F, dont on voulût chercher l'apparence de l'ombre sur le plan horisontal ; car en ce cas, après avoir tiré les diagonales 9-11-8 & 7-12-10 sur son plan racourci 11-12-13-14, il n'y a qu'à tirer par le point 5 où elles se coupent la droite F 5-6, jusques sur le plan horisontal du Tableau ; cette droite coupera les diagonales 1-3 & 2-4 du plan horisontal au point 6, lieu de leur intersection, duquel après avoir prolongé la diagonale 3-1 du côté de 15, & la diagonale 2-4 du côté de 16, jusqu'à ce que les lignes prolongées F 11-15 & F 14-16 les coupent aux points 15 & 16, & fait la ligne 6-19 qui doit être parallele à la ligne de terre A B égale à 6-F. Si vous tirez des points 15 & 16 au point 19 les droites 15-19 & 16-19, elles donneront sur le plan horisontal le triangle 19-20 21, qui marquera l'ombre de la pyramide posée sur le cube ou piedestal 1-2-3-4.

Je ne m'étendrai pas davantage sur cette pratique, étant comme j'ai déja dit, très rare de supposer le Soleil dans le plan du Tableau, à cause des grandes masses d'ombres que produiroient les saillies des corniches & autres corps avancez sur les murs de faces des bastimens, comme on le peut assez voir par la figure précédente.

PROBLÊME SECOND.

Le Soleil étant dans le plan vertical du Tableau, trouver la projection des Ombres de chaque Corps.

PRemierement toutes les lignes perpendiculaires au plan du Tableau , & qui aboutissent au point de vûe , jettent des ombres sur le plan horisontal, dont les apparences tendent aussi au point de vûe ; ainsi dans la Planche II. fig. 2. la projection de l'ombre de la ligne 19-13 sur le plan horisontal A B est la ligne 15-17 qui tend au point de vûe E : on peut remarquer ici en passant qu'en supposant, comme dans cet exemple, la hauteur du Soleil sur l'horison de 45 degrez , la même ligne 17-15 est encore la véritable ombre de la perpendiculaire 15-19 , parce que 19-13 & 19-15 sont égales ; mais pour faire 15-17 égale à 15-19 ou à 15-7, ce qui est la même chose, tirez du point 15 au point de distance qui se rencontre ici hors du Tableau , la ligne 15-18 jusqu'à ce qu'elle coupe 8-16 E au point 18, duquel si vous menez la droite 18-17 parallele à A B , elle coupera la fuyante 7-15 au point 17 , & par ce moyen 15-17 se trouvera égale à 7-15.

2°. Les lignes perpendiculaires au plan du Tableau ne jettent aucune apparence d'ombre visible sur les plans de profil ou paralleles au vertical.

3°. Les lignes perpendiculaires au plan du Tableau jettent des ombres sur les plans de front ou paralleles au Tableau qui sont perpendiculaires à la ligne de terre A B : ainsi l'ombre que produit la ligne 10-11 sur le plan de front 7,8,14,13 est la perpendiculaire 10-12 , & l'ombre que produit la droite *rb* sur le plan de front *a,b,f,g*, est la ligne *b q* égale à *br*, lorsque le Soleil est élevé de 45 degrez sur l'horison ; de maniere que si 10-11 & *rb* ont chacune un pied de saillie , les perpendiculaires 10-12 & *b q* auront aussi un pied de long.

4°. Les lignes paralleles à la ligne de terre A B jettent des ombres sur le plan horisontal , dont les apparences sont paralleles à la même ligne de terre A B : ainsi *b* 13 donne sur le plan horisontal l'ombre figurée par la ligne *b* 15 , & la ligne *c d* donne sur le même plan l'ombre figurée par la droite *l m* ; de même encore la ligne 19-20 donne sur le plan horisontal l'ombre figurée par la droite 17-18.

5°. Les lignes parallèles à la ligne de terre AB, jettent des ombres
fur le plan de profil ou parallèles au vertical, dont la direction
fait un angle avec la ligne perpendiculaire au plan du Tableau,
qui est égal à la hauteur du Soleil fur l'horifon ; ainfi la projection
de l'ombre de la ligne bn fur le plan de profil r, d, h, g, est figurée
par la diagonale bh, qui fait avec la droite bd perpendiculaire au
Tableau l'angle b, d, h de 45 degrez égal à la hauteur fuppofée du
Soleil fur l'horifon ; car par la conftruction les quatre côtez du
parallelogramme bh font égaux, & les quatre angles droits, puifque
ce parallelogramme est le côté d'un cube : donc l'angle d, b, h fera
égal à l'angle h, b, g, c'est-à-dire, qu'il fera de 45 degrez.

6°. Les lignes parallèles à la ligne de terre AB jettent des ombres fur les plans de front, qui font parallèles à la même ligne de
terre AB ; ainfi l'ombre de la droite pr fur le plan de front a, b, f, g,
est la ligne sq parallèle à AB.

7°. Les lignes perpendiculaires au plan horifontal ou à la ligne
de terre AB jettent des ombres fur le plan horifontal, dont la direction va au point de vûe. Ainfi l'ombre de la ligne kx fur le plan
horifontal est figurée par la ligne xy, tendante au point de vûe E,
& l'ombre de la ligne dh est figurée par la droite hm, tendante au
même point de vûe E, & terminée au point m par la droite dm,
dont l'angle h, d, m est égal à la hauteur du Soleil fur l'horifon.

8°. Les lignes perpendiculaires au plan horifontal ne jettent
aucune ombre vifible fur les plans de profil, lorfque le Soleil est
dans le plan vertical.

Enfin les lignes perpendiculaires au plan horifontal, ou à la ligne
de terre AB, jettent des ombres fur les plans de front, dont la
direction est perpendiculaire à la même ligne de terre AB ; ainfi la
projection de la droite kx fur le plan de front a, b, f, g est figurée
par la perpendiculaire zy, terminée par kz au point Z, ce qui fe
fait en faifant $x3$ parallèle à AB, égale à kx ; car fi du point 3
vous tirez au point de diftance qui fe rencontre ici hors du Tableau
la droite $3-2$, elle coupera la fuyante $x2$ E au point 2. Vous n'aurez
plus qu'à joindre kz, & elle coupera la perpendiculaire yz au point
que l'on demande, où l'on voit que la perpendiculaire kx produit
fur le plan horifontal l'ombre xy, & fur le plan de front l'ombre
yz, conformément à cette derniere remarque.

Je crois qu'il n'est pas néceffaire de s'étendre davantage fur
cette pratique, il y en a affez pour ceux qui voudront en faire
l'application ; car quoique, comme j'ai dit ci-deffus, on ne fuppofe
jamais le Soleil dans le plan vertical, elle fervira beaucoup pour
l'intelligence de ce qui nous refte à dire dans la fuite.

PROBLÊME III.

Le Soleil étant hors du plan du Tableau & du vertical ,
trouver la projection des Ombres de chaque Corps.

CEtte Pratique étant plus d'ufage que les autres , il faut la
mettre au jour dans toute fon étendue , & auparavant que de
déterminer la projection des ombres de trois lignes dont nous
avons parlé dans les deux Problêmes précédens, il faut trouver
trois points fur le Tableau , par le moyen defquels on aura toutes
les ombres que ces trois lignes y peuvent produire.

De ces trois points, le premier eft celui qu'on appelle le vrai
lieu du Soleil, duquel comme centre partent tous les rayons de
lumiere qui peuvent paffer par les extrémitez de chaque corps ;
le fecond eft celui de la déclinaifon du Soleil, & le troifiéme eft
celui de fon inclinaifon, ce·qui fera plus facile à entendre quand
nous aurons donné l'explication de la figure fuivante.

Soit (dans la Planche III. fig. 1.) la ligne horifontale E D , la
ligne de terre A B, le point de vûe E , & le point de diftance D :
Imaginons-nous d'abord que la ligne E G H , prolongée tant que
l'on voudra au-deffous de la ligne de terre A B , eft la coupe du
Tableau vû de profil ; auquel cas le point D fera la vraie place de
l'œil, la droite E D fera le rayon principal : faites paffer par le point
D , centre de l'œil , une ligne qui partant par fuppofition du centre
du Soieil , & prolongée jufqu'au deffous de la ligne de terre A B,
aille rencontrer la ligne E G au point H, duquel fi vous tirez H I
parallele à A B, l'engle D H I, ou E D F qui lui eft égal, marquera
l'élevation du Soleil fur l'horifon , que nous avons fait ici de 45
degrez ; cette ligne D H eft un rayon de lumiere qui rencontre le
Tableau au point H, que nous pouvons regarder comme le vrai
lieu du Soleil, auquel tous les rayons de lumiere que nous avons
dit être paralleles, doivent paroître fe raffembler, étant vûs de
l'œil placé en D.

Nous avons donc fur le Tableau vû de profil , le vrai lieu du
Soleil au point H ; mais comme le Soleil dans cette hypothèfe n'eft
plus dans le plan vertical , il s'enfuit, que fi vous remettez le Tableau dans fa premiere fituation , & qu'il foit regardé préfentement
de front & non plus de profil, le vrai lieu du Soleil ne fera plus
dans la ligne E H, qui repréfente la fection du vertical , & qu'il

V

se rencontrera à droite ou à gauche du point H, & toûjours sur la parallele HI, suivant le nombre de degrez de la déclinaison du Soleil du même vertical.

Supposons donc que le point F sur la ligne de terre AB marque la déclinaison du Soleil du plan vertical du Tableau, laquelle se trouve encore dans cet exemple de 45 degrez, ce qui se mesure par l'angle GHF; si vous tirez par le même point F la droite CFI parallele à EH, le point I auquel CFI coupe la parallele HI, marquera sur le Tableau vû de front le vrai lieu du Soleil; mais le point C de la ligne horisontale sera celui de sa déclinaison du vertical, & le point H celui de son inclinaison, ou de son élevation sur l'horison, qui se trouvera d'autant plus éloigné du point E de l'horisontale ED, que le Soleil sera plus élevé sur l'horison.

Nous avons donc trouvé sur le Tableau les trois points nécessaires pour trouver la projection des ombres des trois lignes dont nous avons parlé dans les deux Problêmes précédens; sçavoir le point I que l'on doit regarder comme le vrai lieu du Soleil, le point C qui marque sa déclinaison, & le point H qui est celui de son inclinaison; mais il faut remarquer auparavant que d'en venir à la pratique, que puisque dans cette disposition le point I marque un rayon du Soleil passant par l'œil, qui est placé perpendiculairement vis-à-vis le point E à la distance ED, il faut necessairement que le Soleil soit à la droite du Tableau du côté du point A, & que par conséquent la projection des ombres, soit du côté de la gauche du même Tableau, c'est-à-dire, du côté du point B, ceci supposé.

Premierement, les lignes perpendiculaires à l'horison ou au plan horisontal, jettent des ombres sur le plan horisontal, dont la direction va au point de la déclinaison du Soleil, & qui sont terminées par une ligne passant par le point le plus élevé de chacune desdites lignes perpendiculaires, & par le vrai lieu du Soleil qui est le point I; ainsi l'apparence d'ombre ou projection de la ligne gb sur le plan horisontal est la ligne gx tendante au point C de la déclinaison du Soleil, dont l'extrémité ou terme x se trouve sur la ligne bxI au point x, laquelle ligne bxI part du point b, extrémité de la perpendiculaire gb, & passeroit par le point I vrai lieu du Soleil, si elle étoit prolongé; de même on trouvera que l'apparence d'ombre de la perpendiculaire 6-17 sur le même plan horisontal, est la ligne 17-16 C, tendante au point C, & terminée au point 16 par la ligne 6-16 I qui passe par le vrai lieu du Soleil, & par l'extrémité 6 de la perpendiculaire 6-17.

2°. Les lignes perpendiculaires à l'horison jettent des ombres sur les plans de profil, qui sont aussi perpendiculaires à l'horison, soit la ligne *bg* perpendiculaire à la ligne de terre AB, son ombre sur le plan horisontal est la ligne *g-7 x* tendante au point C, suivant la remarque précédente, laquelle rencontre la fuyante *t* 14 du plan du profil 4 *n* au point 14-7, duquel si vous élevez la perpendiculaire à l'horison 7-8, & si vous la terminez au point 8 qui est le point où elle est coupée par la droite *b x* tendante au point I, cette ligne 7-8 sera la projection d'ombre de la perpendiculaire *bg* sur le plan de profil 14 *n*.

3°. Les lignes perpendiculaires au plan horisontal, jettent des ombres sur les plans de front, qui sont aussi perpendiculaires à l'horison : soit la ligne *ee* perpendiculaire à l'horison, son ombre sur le plan horisontal seroit la ligne *ey* tendante au point C, & terminée au point *y* par la droite *cy* I, suivant la premiere remarque de ce Problême : Tirez du point *h* où la droite *ey* coupe la parallele *fg* du plan de front *fb*, la perpendiculaire *hj* qui sera encore terminée au point *j* par la droite *cy* I, & cette ligne *hj* sera sur le plan de front *fb*, la projection de l'ombre de la perpendiculaire *ee*.

4°. Les lignes perpendiculaires au plan du Tableau jettent des ombres sur les plans de front, dont la direction se trouve de cette maniere. Soit *ca* perpendiculaire au Tableau ou au plan de front *ag*, dont il faut trouver l'ombre *aj* sur le même plan de front *ag* : Abaissez du point *a* la perpendiculaire *af*, jusqu'à ce qu'elle touche l'horisontale *fg* au point *f*, & tirez par ce point *f* & du point de vûe E, la droite *fE* vers la ligne de terre AB, jusqu'à ce qu'elle coupe la perpendiculaire *ee* au point *e* ; il faut du point *e* tirer au point C de la déclinaison du Soleil la droite *ehy*, & du point *h* où elle coupe l'horisontale *fg*, il faut élever la perpendiculaire *hj* qui sera terminée au point *j* par la droite *cy* I, laquelle part du point *c*, extrémité des deux lignes *ee* & *ca*, & qui aboutit au vrai lieu du Soleil. Si du point *a* vous tirez la droite *aj*, cette ligne sera sur le plan de front *ag* la projection de l'ombre de la perpendiculaire *ca*, où l'on voit que le point *j* que nous avions déja trouvé par la troisiéme remarque, être le point d'ombre provenant de l'extré-mité *e* de la perpendiculaire *ee* est encore l'extrémité de l'ombre provenant du point *c* de la ligne *ca* : Vous trouverez de même que la ligne *oq* sera sur le plan de front *nm* l'ombre *or*, dont l'extré-mité *r* se trouvera de niveau avec le point *j* & avec le point *k* pro-venant de *bd*, si les trois lignes *ca*, *qo* & *db* sont égales & à la même hauteur, comme dans cet exemple ; en sorte que si le pa-rallelogramme *c,a,b,d* marque le dessus d'une corniche en saillie, l'ombre qu'elle produira sur le plan de front *ag* sera représentée par la figure *a,b,j,k*.

Il est aisé de voir par ce que nous avons dit jusqu'à présent, combien le sieur Ozanam s'est trompé dans son Traité de Perspective, en parlant des ombres solaires, lorsqu'il dit, que les lignes perpendiculaires au plan du Tableau, font dans les trois cas différens des ombres sur les plans de front, dont la direction doit aller au point de vûe ; car lorsque le Soleil est hors du Tableau & du plan vertical, comme dans cet exemple, cette direction en est bien éloignée, puisqu'elle se fait suivant l'angle j, a, b ou r, o, p. Et lorsque le Soleil est dans le plan vertical, cette direction est perpendiculaire à l'horison ; & enfin lorsqu'il est dans le plan du Tableau, elle se fait suivant un angle égal à la hauteur du Soleil sur l'horison, ce qu'il seroit facile de démontrer, si la chose n'étoit assez claire d'elle même, par les exemples que nous avons donnez dans ces trois Problêmes derniers.

5°. Les lignes perpendiculaires au plan du Tableau jettent des ombres sur le plan horisontal, dont la direction tend au point de vûe : Ainsi la ligne $6p$ donne sur le plan horisontal l'ombre 16-18 tendante au point de vûe E, dont les extrémitez 16 & 18 ont déja été trouvées par la premiere remarque.

6°. Les lignes perpendiculaires au plan du Tableau, jettent des ombres sur les plans de profil, dont la direction tend au point de vûe ; ainsi la ligne bz donne sur le plan de profil $5l$ l'ombre 8-9, qui tend au point de vûe E.

7°. Les lignes paralleles à la ligne de terre A B, jettent des ombres sur le plan horisontal, paralleles à la même ligne de terre A B ; ainsi la droite 15-16 est la projection d'ombre de la ligne 5-6, lesquelles 15-16 & 5-6 sont également paralleles à la ligne de terre A B.

8°. Les lignes paralleles à la ligne de terre A B, jettent des ombres sur les plans de front, qui sont aussi paralleles à la même ligne de terre A B ; ainsi la ligne cd donne sur le plan de front ag l'ombre jk parallele à la même ligne de terre A B, suivant la quatriéme remarque de ce Problême, puisque les points j & k sont absolument de niveau.

9°. Les lignes paralleles à la ligne de terre A B, jettent des ombres sur les plans de profil, dont la direction passe par le point où ces paralleles touchent le plan de profil, & par le point d'inclinaison du Soleil, & est terminée par une autre ligne passant par l'autre extrémité de ces paralleles, & par le vrai lieu du Soleil ; ainsi la projection d'ombre de la ligne 1-2 sur le plan de profil $5l$, est la ligne 2-3 tirée au point h de l'inclinaison du Soleil, & terminée au point 3 par la ligne 1-4 tirée du point 1 au point I, vrai lieu du Soleil.

L'espace

L'espace renfermé entre les chiffres 22-20-19-21-26 marquent l'ombre que le Pavillon 23-22-24-25 feroit fur le plan horifontal du Tableau, & l'on peut voir encore fur le plan fuperieur 4.*z* du cube *f b z* une petite portion d'ombre provenant du même Pavillon, que l'on trouvera facilement, pour peu qu'on ait compris les neuf Remarques de ce Problême.

Il eſt aifé de voir que nous avons fuppofé dans cet exemple, que le Soleil étoit au-devant du Tableau, en forte que l'œil fe trouve entre le Soleil & le même Tableau : mais fi on vouloit que le Soleil fût dans l'enfoncement, & parût être au derriere du Tableau, le vrai lieu du Soleil changeroit de fituation ; car fuppofé la même élevation & la même déclinaifon du plan vertical du Tableau*, le point I qui eſt le vrai lieu du Soleil dans l'exemple précedent, ne feroit plus au-deſſous de la ligne horifontale E D, mais au-deſſus dans la même ligne perpendiculaire F I prolongée au-deſſus de l'horifontale E D, & à une pareille diſtance au-deſſus du point C, qui feroit toûjours le point de la déclinaifon du Soleil ; & alors ce point I feroit le lieu du Tableau, auquel le rayon de lumiere partant du Soleil, & paſſant par l'œil, couperoit le plan du Tableau, d'où il paroîtroit un effet contraire à l'exemple précedent ; car la projection des ombres fe feroit du côté de A, & non plus de B, & tous les plans de front qui font vifibles feroient ombrez, & les ombres paroîtroient s'élargir d'autant plus, qu'elles s'approchent de la ligne de terre A B, & feroient toûjours plus grandes que les corps d'où elles naiſſent, ce qui étant facile à entendre par l'infpection feule de la figure fuivante, nous ne nous y arrêterons pas davantage ; d'autant plus qu'on ne doit jamais choifir cette difpofition, à caufe du mauvais effet qui en réfulte.

Pour faire l'application juſte des neuf Remarques de ce Problême, il faut s'exercer fur differents fujets.

*Voiez Planche IV. fig. 1.

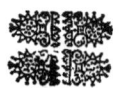

PROBLÊME IV.

Le Soleil étant hors du plan du Tableau & du vertical,
trouver la projection des ombres ou des rayons de lumiere,
lorsque ces rayons entrent par des croisées, ou par d'autres
oeuvertures.

CEtte Pratique étant plus difficile que les précédentes, quoique
les principes en soient les mêmes, puisque la résolucion dépend de l'intelligence des neuf remarques du Problême précédent,
il est à propos d'en donner encore une explication, afin qu'on
trouve dans ce Traité, ce qui pourroit avoir été oublié, ou négligé
par ceux qui ont écrit sur cette matiere ; car si on s'attache à bien
développer toutes les lignes & projections d'ombres ou de lumiere
de la figure qui suit, je suis persuadé que les Peintres y trouveront
autant d'utilité que les Architeétes, puisque par cette Pratique on
trouvera ces lignes dans toute leur justesse, & de la même maniere qu'elles seroient produites par les rayons du Soleil.

Soit donc tracé au bas du Tableau le plan geométral de la
chambre ou partie du bâtiment dont on veut faire voir l'intérieur
ou le profil, dans lequel il faut marquer les croisées, les portes &
toutes les autres parties qui peuvent y être contenues, comme on
le peut voir dans la Planche IV. fig. 1. La ligne de terre du Tableau sera AB, le point de vûe E, la ligne horisontale ED, le
point de distance D. Le vrai lieu du Soleil soit le point I. sa déclinaison sera le point C, & son inclinaison sera marquée par le
point H.

Après avoir marqué sur le Tableau le plan en racourci de toutes
les parties du plan geometral, & mis le tout en perspeétive ; si
nous concevons en premier lieu, que les trois murs MK, KL,
& LN sont sans plancher au-dessus, & que nous voulions avoir
sur le plan horisontal du Tableau, & sur le mur de front KL, *ab*,
l'ombre du mur AMK*a*, il faut chercher par la premiere remarque
l'ombre de la perpendiculaire MA sur le plan horisontal, qui sera
la ligne A*d* terminée au point *d*; duquel si vous tirez au point de
vûe E la fuyante *de*, jusqu'à ce qu'elle rencontre la ligne *ab* au
point *e*; cette ligne *de* marquera sur le plan horisontal, l'ombre
de la ligne MK perpendiculaire au Tableau, suivant la 5me remarque : Il ne reste plus qu'à trouver l'ombre de la perpendicu-

laire M K fur le mur de front K *b*, fuivant la 4me remarque ; &
pour le faire du point A de la perpendiculaire M A, tirez au point
C de la déclinaifon du Soleil, la droite A *f*, jufqu'à ce qu'elle coupe
la ligne *a b*, au point *f*, par lequel il faut élever la perpendiculaire
f z que vous prolongerez au-deffous de *a b*, s'il eft néceffaire, comme
jufqu'au point *g*. Si vous appliquez la regle aux points M & I, elle
donnera fur la perpendiculaire *z f g* le point *g* qui fe rencontre dans
cet exemple au-deffous de la ligne *a b* ; tirez enfin du point *g* au
point K la droite *g* K, elle coupera la ligne *a b* au point *e*, & la ligne K *e* fera la projection de l'ombre que le mur A M K feroit
fur le mur de front K *b*, fi le plancher M K L N étoit ôté.

Mais en fuppofant ce plancher, comme il eft marqué dans la
figure, il fera des ombres tant fur le plan horifontal, que fur le
mur de profil N L *b*, & fur le mur de front K L *b*. Pour les marquer, cherchez d'abord par la 9me remarque l'ombre de la ligne
M N fur le mur de profil *b* L N, & vous aurez la ligne N *c* qui
coupe la fuyante B *b* au point *c*, duquel fi vous tirez *c d* parallele
à A B jufqu'à ce qu'elle coupe A *f* au point *d*, la ligne *c d* marquera fur le plan horifontal l'ombre de la parallele M N fuivant la
7me remarque ; & nous avons trouvé par cette méthode toutes les
ombres que le mur de profil A K & le plancher M L peuvent produire fur les plans, tant de front que de profil, & fur l'horifontal.

Il faut marquer à préfent la lumiere que la croifée *m x p* peut
renvoyer fur le plan horifontal, & fur le mur de front K *b*, &
pour y parvenir, tirez du point *r*, qui eft le plan d'affiette du point
m, au point C de la déclinaifon du Soleil, la droite indéterminée
r 4, & du point *t* provenant du point 9 la droite *t* 3 au même point
C : appliquez enfuite la regle fur les points *m* & I, elle marquera
fur la ligne *r* 4 le point 4, duquel fi vous tirez au point de vûe E
la fuyante 4-3, elle coupera *t* 3 au point 3. Cette ligne 4-3 marqueroit fur le plan horifontal le haut de la croifée *m x*, fi le mur
de front K *b* étoit fupprimé. Il faut marquer à préfent fur le même
plan horifontal la projection de la ligne *q* 10, qui eft le deffus
de l'appui, en appliquant la regle aux points *q* & I, elle
marquera fur la ligne *s* 2 tendante au point C, le point 2, duquel
fi vous tirez la droite 2-1 au point de vûe E, vous aurez fur le
plan horifontal le trapeze irrégulier 11,1,3,4 qui fera la projection
de la lumiere de la croifée *p m x*.

Il nous refte à marquer fur le mur de front K *b* la projection de
lumiere de la même croifée. Elevez des points 6 & 5, où *t* 3 & *r* 4
coupent la ligne *a b*, les perpendiculaires 6-7 & 5-8, & après avoir
prolongé *m x* jufqu'au point *o* de la perpendiculaire *j o*, cherchez

par la 4me remarque l'ombre que la perpendiculaire au Tableau *m o* doit faire fur le mur K*b a* allongé juſqu'au point *j*, & vous au-rez la ligne *c*-7-8 qui terminera les perpendiculaires 6-7 & 5-8 aux points 7·& 8, & le trapeze 6-7-8-5 marquera ſur le mur de front K*b* la projection de lumiere de la croiſée *m x p*.

Cette ligne 7-8 ſe trouvera parallele à K*e*, parce que tous les rayons de lumiere provenans du Soleil ſont regardez comme s'ils étoient paralleles.

Si l'échelle 1-2-3-4 étoit appuiée contre le mùr de profil L B ; elle feroit ombre ſur le même mur & ſur le plan horiſontal. Tirez des points 1 & 4 les lignes 1-5, & 4-6 paralleles à A B & des points 5 & 6 élevez les perpendiculaires 5-2 & 6-3.

Prenez ſur un des montans de cette échelle un point tel qu'il vous plaira, comme le point 7, duquel ſi vous abaiſſez ſur la ligne 4-6 la perpendiculaire 7-10, il faut de ce point 10 mener au point C la ligne 10-11: appliquez enſuite la regle aux points 7 & I, elle deſignera ſur la ligne 4-11 le point 11, par lequel ſi vous tirez la droite 4-11-20 elle coupera la fuyante B*b* au point 20, duquel ſi vous tirez au point 3 la droite 20-3, vous aurez ſur le plan hori-ſontal & ſur le mur de profil L B l'ombre du montant 4-2 repré-ſentée par les lignes 4-20, & 20-3.

Vous ferez la même choſe ſur l'autre montant 1-2, pour avoir l'ombre 1-21 & 21-2, vous n'aurez plus qu'à tirer du point 11 au point de vûe E la ligne 11-12 qui repréſentera l'ombre de l'échellon 7-8 ſur le plan horiſontal.

Si vous voulez avoir ſur le mur de profil L B l'ombre des échel-lons 15 & 16, tirez du point 15 la droite 15-18 perpendiculaire à 6-3, & cherchez par la 9me remarque l'ombre du point 15 ſur la ligne 18-13 tirée du point 18 au point H, & vous trouverez que ce ſera au point 13 où les lignes 15-13 I & 18-13 H coupent la ligne 3-20; il n'y aura plus qu'à mener au point de vûe E la fuyante 13-22 qui repréſentera l'ombre de l'échellon 15, vous aurez celle de l'échellon 16 par là même méthode.

Vous pouvez avoir l'ombre de l'échellon 15 ſur le mur de profil L B par une autre méthode, qui ſervira de preuve à la précédente, en laiſſant tomber du point 15 la perpendiculaire 15-23 ſur la parallele 4-6 ; car ſi par la premiere remarque vous tirez du point 23 la ligne 23-24 au point C, & que du point 15 vous meniez au point I la ligne 15-24, elle coupera la droite 3 20 au même point 13 que nous avions trouvé par la premiere méthode : cette ligne 23-24 marqueroit ſur le plan horiſontal l'ombre de la perpendiculaire 15-23.

PRO.

PROBLÊME V.

Trouver la projection d'une lumiere consideré comme un seul point sur quelque Corps que ce soit.

JE dis que cette lumiere doit être considerée comme un seul point, comme seroit celle d'une lampe ; car quoiqu'à la rigueur la lumiere d'une lampe ou d'une bougie ait quelque étendue, au lieu que le point n'en peut avoir aucune ; il le faut supposer ainsi pour la pratique, ce qui ne peut causer aucune erreur sensible, à moins que le corps lumineux eût une étendue assez considérable, auquel cas la pratique seroit un peu différente, & c'est ce que nous expliquerons dans le Problême suivant.

La premiere figure de la planche V. a deux parties, dont la premiere donne la pratique, pour trouver sur un plan horisontal la projection des ombres provenantes d'une lumiere comme I, que nous considérons comme un seul point.

Soit donc le plan horisontal F P O G dans lequel la ligne de terre sera la droite F G, & le point de vûe E ; soit tirée de la lumiere I la perpendiculaire I C jusqu'à ce qu'elle rencontre le plan horisontal au point C, qui sera son plan d'assiette : si nous voulons marquer sur ce plan horisontal l'ombre du corps 7. 8. 5, il n'y a qu'à regarder le point I comme nous avons fait dans les deux derniers Problêmes, comme le vrai lieu du Soleil, & le point C comme celui de sa déclinaison ; car si vous tirez de ce point C, plan d'assiette de la lumiere I, les lignes C 5, C 6, C 1, passantes par les points 5-6 & 1 du plan racourci de ce corps, vous n'avez plus qu'à mener du point I les lignes I 9-4, I 8-3 & I 7-2, passantes par les points 9-8 & 7 des perpendiculaires 5-9, 6-8, & 1-7, jusqu'à ce qu'elles rencontrent les droites C 5, C 6 & C 1 aux points 4-3 & 2. Joignez enfin les points 4-3 & 2 par les droites 4-3 & 3-2, & l'ombre du corps 5-8-7 sera comprise entre les chiffres 1-2-3 4-5 sur le plan horisontal F G O P, la lumiere étant placée au point I.

Mais pour ce qui regarde la seconde partie de cette figure, imaginons-nous présentement que A Q B soit le plan horisontal du Tableau, le point de vûe sera toûjours le même point E, & la ligne de terre A B. La lumiere sera encore au point I, duquel si vous abaissez la perpendiculaire I D, jusqu'à ce qu'elle rencontre le plan horisontal au point D, ce point D sera le plan d'assiette de la

Y

lumiere I ; il s'agit de marquer fur le plan horifontal, & fur le mur
de profil BP, l'ombre qui y feroit renvoyée par le plan *a,b,c,d* qui
eft en l'air, & qui fera fi vous voulez le deffus d'une table, dont
le plan racourci eft marqué par les lettres *e,f,g,h,* il faut du point
D tirer aux points *e,f,g,h* qui font les plans d'affiette des points
a, b, c, d, les droites D *e j,* D*fm,* D*gl* & D*h n.* Puis du point I,
comme fi c'étoit le vrai lieu du Soleil, menez par les points *a-c-d*
& *b* les droites I*a j,* I *cm,* I*d l* & I*bn* jufqu'à ce qu'elles rencontrent les lignes qui partent du point D aux points *j, m, l, n ;* fi vous
joignez ces points enfemble par des lignes droites, la figure *j,m,l,n*
marquera fur le plan horifontal l'ombre du plan *a, b, c, d.* Que fi
vous élevez des points *p* & *o,* où les droites *jm* & *nl* coupent la
fuyante B*o,* les perpendiculaires *pq* & *or* que vous terminerez aux
points *r* & *q* aux endroits où les rayons de lumiere I*dl* & I *cm*
coupent les mêmes perpendiculaires *or* & *pq,* vous aurez fur le
plan de profil BP une partie de l'ombre du plan *a,b,c,d,* qui fera
marquée par le trapeze *p, q, r, o.*

   L'ombre des pieds de cette table fur le même plan horifontal
fe trouvera par la premiere partie de cette figure, laquelle fervira
encore à nous enfeigner de quelle maniere on peut trouver l'ombre d'un corps qui poferoit fur cette même table ; car cette ombre
eft renfermée entre les lettres 1-2-3-4 5, comme nous l'avons dit
au même endroit.

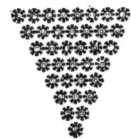

PROBLÊME VI.

Trouver la Projection des ombres d'une lumiere, dont la superficie soit déterminée sur quelque Corps que ce soit.

NOUS avons déja insinué dans le Theorême second de cette Partie, qu'une lumiere d'une grandeur déterminée produiroit des ombres différentes de celle qui n'a qu'un seul point : car les parties éclairées par celle-cy, le doivent être parfaitement à une distance égale & proportionnée à son action, au lieu que les parties éclairées par une lumiere d'une étendue déterminée ne le sont pas également, y en ayant plusieurs qui ne reçoivent qu'une portion des rayons de lumiere qui en proviennent, ce qui doit produire un clair obscur qui participe de l'un & de l'autre : ce qui fait encore que ces ombres ne sont point coupées, comme celles qui proviennent des rayons du Soleil, & que du grand brun au clair, il y a un espace moyen qui les unit ensemble, ainsi qu'on le peut voir par l'experience.

Soit donc (dans la Planche V. fig. 2.) un corps lumineux, qui sera si vous voulez, une ouverture marquée par les chiffres 1-2-3-4, par où le jour naturel peut éclairer tout l'espace A B C D. Nous supposons qu'il n'y entre aucun rayon de Soleil, en sorte que l'on peut regarder cette ouverture comme une lumiere, qui doit produire des ombres bien différentes de celle des rayons du Soleil, comme vous l'allez voir.

Soient les murs *a-b-e-f* & *b-c-f-g*, renfermez au dedans de tout l'espace A D, desquels on veut trouver l'ombre sur le plan horisontal, & sur les autres murs comme *b-g* ou B D. Après avoir tiré les aplombs 1-7 & 2-8, jusqu'à ce qu'ils rencontrent le plan horisontal aux points 7 & 8, qui seront les plans d'assiete des points 1 & 2 ou 3 & 4 ; il faut tirer des même points 7 & 8 aux points *a* & *b*, les lignes 7 *a-l* & 8-*b-m*, & du point 5 milieu de 1-2 tirer par les points *e* & *f* provenans de *a* & *b*, les lignes 5-*e-l* & 5-*f-m*, elles couperont les lignes 7-*a* & 8-*b* aux points *l* & *m*. Si vous joignez la ligne *l-m*, les droites *a-l-m-b* & l'espace compris entre elles, feront voir l'ombre du mur *a-f* sur le plan horisontal du Tableau ; lequel espace sera entierement ombré, parce qu'il ne peut recevoir aucun rayon de lumiere du corps lumineux 1-2-3-4.

Mais pour avoir sur le même plan horisontal l'ombre impar-

faite, renfermée entre les lettres *a-n-o-b*, tirez du point 7 au
point *b* la droite *7-b-o* & du point 8 au point *a*, la ligne *8-a-n*.
Si du point 6 milieu de *3-4* vous menez par les points *e* & *f* les
droites *6-e-n*, & *6-f-o*, elles couperont *8-a* & *7-b* aux points *n*
& *o*; tirez la droite *n-o*, & vous aurez sur le plan horisontal un
espace moyen entre le clair & l'obscur, qui sera renfermé entre
les lettres *a-n-o-b* & *a-l-m-b*.

Que si vous voulez avoir sur le mur *b-g* l'ombre du mur *a-b-e-f*,
tirez des points *p* & *q* auxquels *l-m* & *n-o* coupent la ligne *b-c*,
les perpendiculaires *p-s* & *q-r* qui seront terminées par les rayons
f-m & *f-o* aux points *s* & *r*, vous aurez de cette maniere sur le
mur *b-g* deux trapezes, dont le premier *b-p-s-f* sera entierement
ombré, & un autre *b-q-r-f*, dans lequel l'espace compris entre les
lettres *p-q-r-f-s* tiendra du milieu entre le clair & l'obscur.

Soit encore sur le plan horisontal un corps tel qu'il vous
plaira comme *t-u-x*, vous trouverez par la même pratique les
deux ombres différentes produites sur le même plan par le corps
lumineux *1-4*, dont l'ombre pleine sera renfermée entre les lettres
t-1-2-3-4, & l'imparfaite sera terminée par les lettres ou chiffres
t-y-2-5-4.

Cette derniere Pratique étant plus particuliere aux Peintres
que les precedentes; nous dirons encore quelque chose des lumieres
de réfléxion : j'entens par lumiere de réfléxion celle que le mur
c-d-i-g pourroit réfléchir sur une figure ou autre corps placé au
point 10 du plan horisontal du Tableau: car quoique ce corps
se trouve plongé dans l'ombre du mur *a-f*, il est pourtant vrai
de dire que ses parties tournées vers le mur *g-d* seront en quelque façon éclairées par une lumiere seconde que ce mur renvoye
sur les corps qui l'environnent, & c'est ce que nous appellons
lumiere de réflexion, laquelle diminue toûjours à proportion
qu'elle est éloignée de l'objet qui la produit; de maniere que si
ce corps étoit encore plus prochain du mur *a-f*, cette lumiere
seconde seroit encore plus affoiblie & ainsi du reste.

Mais comme ces regles ne sçauroient être démontrées geometriquement, il faut s'en rapporter à l'étude & au genie de
ceux qui les auront à pratiquer, en donnant à leurs figures
toutes les dégradations de lumiere & d'ombres nécessaires par
rapport à la force ou foiblesse, à la proximité ou éloignement,
& encore aux couleurs des objets éclairez qui causeront cette
réfléxion, étant certain qu'elle participe de cette couleur qu'elle
imprime sur les objets qu'elle éclaire, ainsi qu'on peut s'en
convaincre par l'experience.

PRO-

PROBLÈME VII.

De la Réfléxion des Objets renvoyée sur la surface des Eaux.

NOus finirons cette troifiéme Partie des Ombres par la réfléxion des Corps fur la furface des Eaux, ce qui arrive
bien fouvent dans les Tableaux hiftoriques, & fur-tout dans les
Païfages, où l'on ne fçauroit imiter parfaitement la nature, &
parvenir à cette fin que la Peinture fe propofe de reprefenter le
vrai dans toutes fes parties, fi on placé ces ombres au hazard, &
fi on s'éloigne tant foit peu des veritables règles qu'il faut fuivre
pour y parvenir.

Soit (dans la Planche III. figure 2.) la ligne AB qui reprefente
la ligne de terre du Tableau vûe de profil, & non plus de face
comme cy-devant; en forte que la partie enfoncée CGDF marque le profil geometral d'un Canal ou d'une Rivière que l'on
fuppofe paffer entre les objets du Tableau, & l'œil que l'on place
à volonté, & qui eft dans cet exemple le point E, élevé au-deffus
de AB de la hauteur EA, & éloigné de la ligne perpendiculaire
NV qui reprefente la coupe ou fection du Tableau, de la diftance
EV.

Ce profil geometral étant ainfi marqué, on veut avoir fur la
furface de l'Eau GF la reprefentation du point I vû du point E.
Je dis que le point O, auquel l'angle d'incidence EOX eft égal
à l'angle de réfléxion IOR, eft celui que l'on cherche : de forte
que fi le point I eft le fommet d'un arbre ou de quelque figure
que ce foit, ce point O, l'œil étant placé en E, reprefentera le
même point I fur la furface de l'Eau GF.

De même fi vous voulez avoir fur la même furface la reprefentation du point D, extremité des bords du Canal, vous trouverez que
ce point fera le point Q, auquel l'angle d'incidence EQX eft
égal à l'angle de réfléxion DQF, & ainfi du refte : car vous aurez
par la même méthode tous les points provenans de chaque partie
d'une figure, en faifant autant d'operations qu'il fera néceffaire,
& tous ces points étant marquez fur le plan geometral du Tableau, il n'y aura plus qu'à les rapporter fur le plan racourci du
même Tableau ; ce qu'il falloit expliquer.

Z

Pour trouver ce point O, ou tel autre qu'il vous plaira, auquel l'angle de réfléxion soit égal à l'angle d'incidence; prolongez GF jufques contre les perpendiculaires EA & IH aux points X & R; & après avoir prolongé EA & IH autant qu'il fera néceffaire, faites RS égale à RI & XT égale à XE: joignez enfuite les lignes ES & TI, elles couperont GF au point O qui eft celui que l'on cherche; & l'angle d'incidence EOX fera égal à l'angle de réfléxion IOR.

I.re fig.

II.e fig.

III.e fig.

IV.e fig.

V.e fig.

VI.e fig.

VII.e fig.

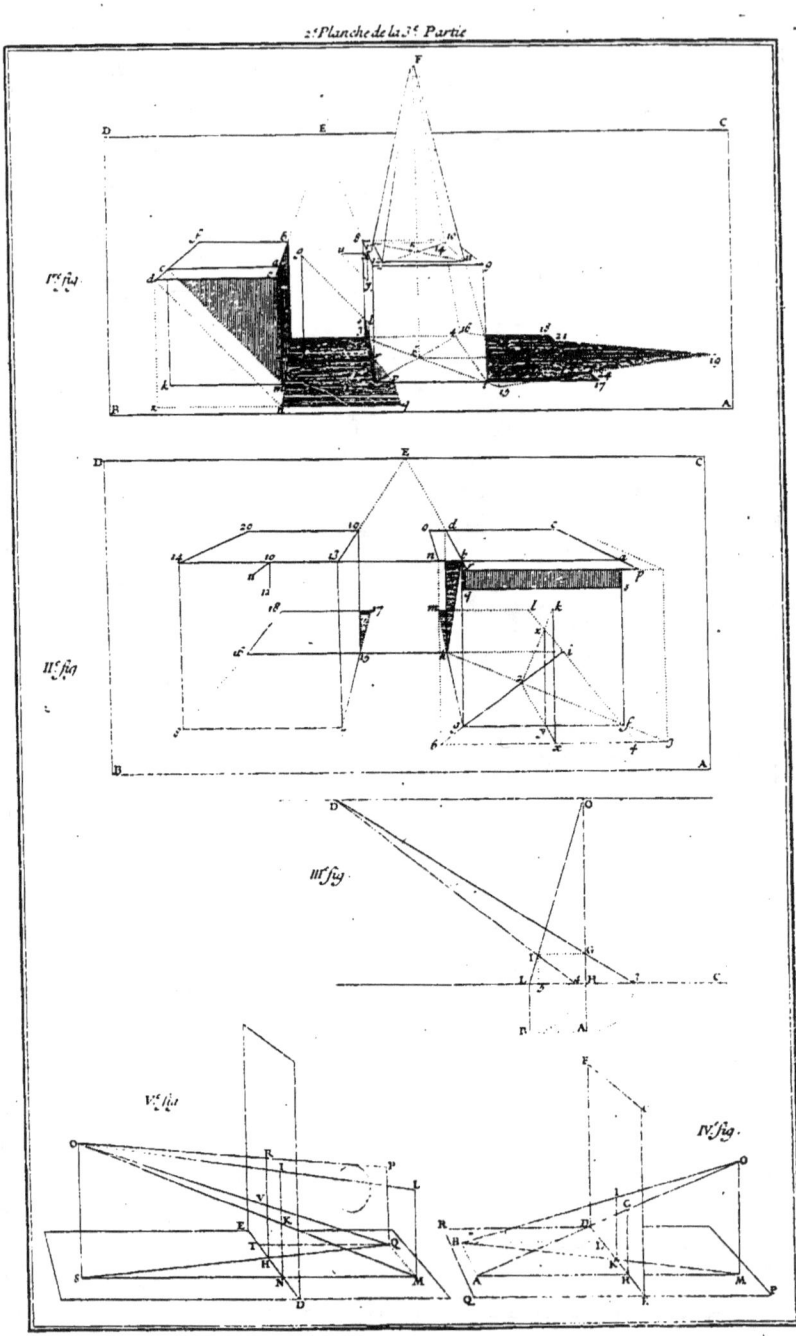

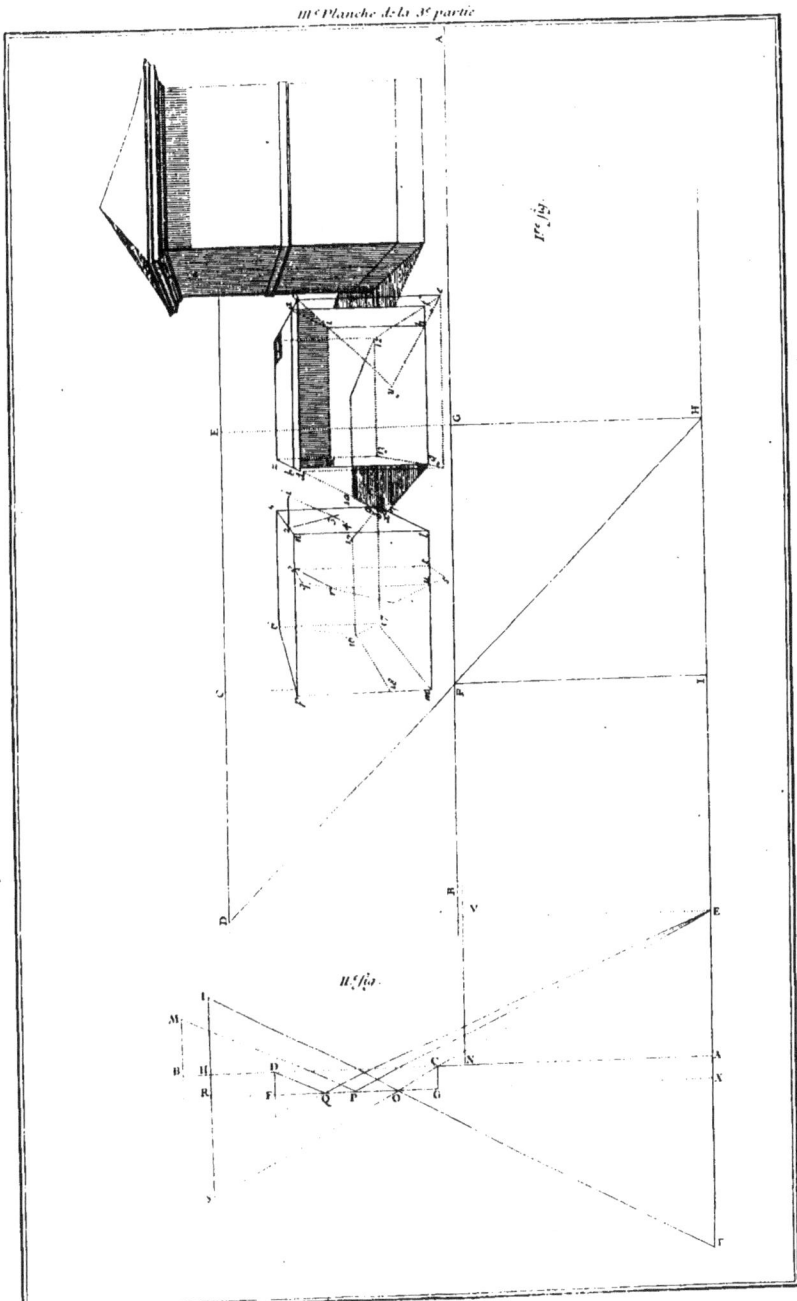

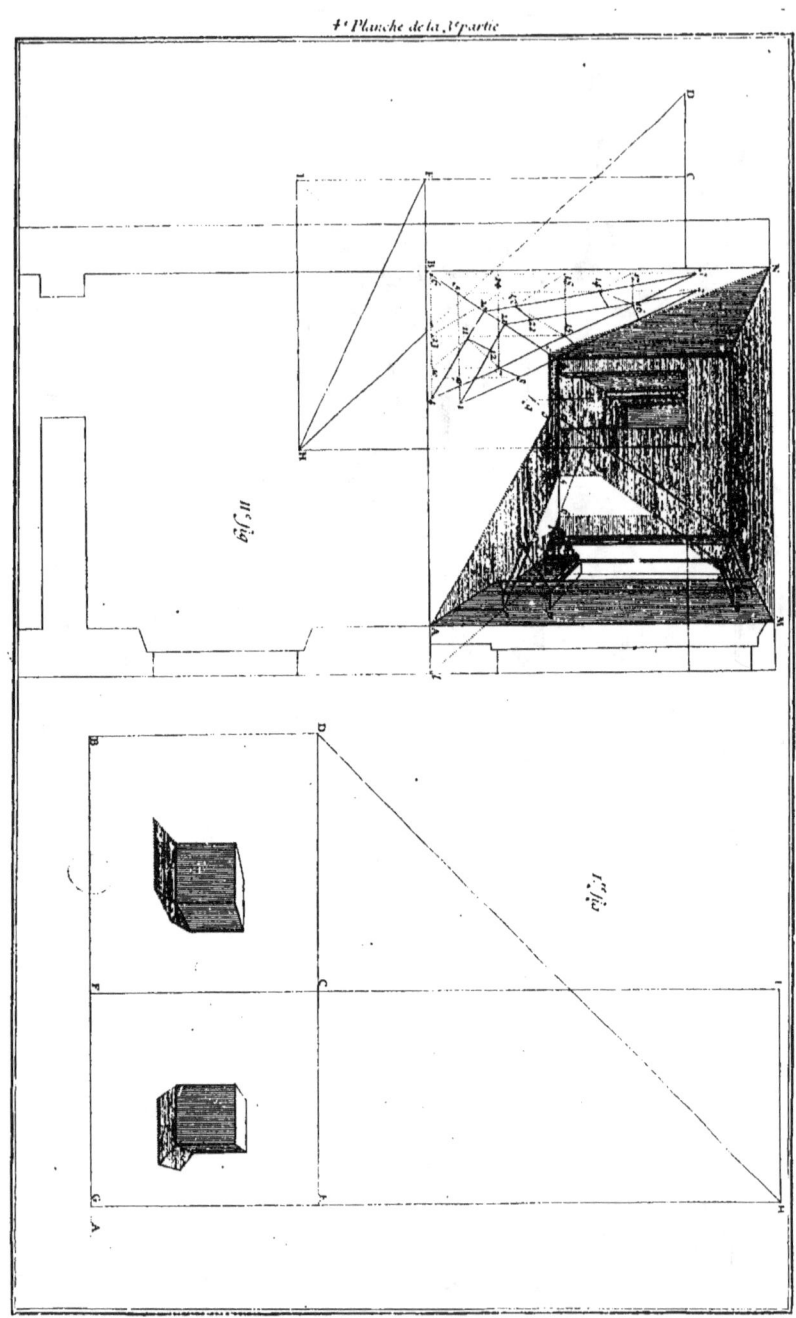

Fig. 2.e

Fig. 1.re

Iʳᵉ fig.

IIᵉ fig.

DIGRESSION

SUR

QUELQUES DIFFIGULTEZ

QUI REGARDENT

L'ARCHITECTURE

Par rapport à l'Optique ou Perspective.

UPARAVANT que de donner les élevations perspectives de quelques Bâtimens considérables, dont j'ay été l'Architecte, je crois qu'il est à propos de dire icy quelque chose sur la conformité & l'union étroite qui a été de tout temps entre la Perspective & l'Architecture : cette liaison est si naturelle qu'il est presque impossible d'atteindre à la perfection de celle-cy, sans avoir une connoissance très distincte de la premiere. En effet il se trouve dans les plus grands Edifices tant de parties differentes, dont les unes sont plus enfoncées que les autres, qu'il faut convenir de bonne foy, qu'on ne sçauroit guere juger de leur effet par une simple élevation geometrale.

S'il s'agit, par exemple, du dôme d'une Eglise, dont le plan est toûjours dans la partie interieure, & par consequent très éloigné de l'élevation des murs de face, je dis qu'il est très difficile de juger par une élevation geometrale de la hauteur qu'il faut donner à toutes ses parties aussi-bien qu'à d'autres qui peuvent être plus ou moins renfoncées ; parce que n'étant pas sur le même plan des murs de face, on n'a aucune regle certaine pour fixer

les proportions de leur exaucément, tant à caufe de leur éloignement des murs exterieurs, que par l'embarras des combles, &
d'autres corps qui peuvent ôter la vûe de quelques parties qui ne
doivent être nullement cachées. Il faut donc s'abandonner au hazard, & fuppofer, fans le fçavoir, qu'à une certaine diftance on
pourra voir toutes ces parties dans leur veritable proportion, &
de la maniere qu'on veut qu'elles paroiffent.

Qu'on fe flatte tant qu'on voudra de l'experience la plus con-
fommée, il fera toûjours vrai de dire qu'un Architecte n'eft jamais
fûr du fuccès, puifqu'il ne travaille que par conjecture, & qu'il
n'a point de regles certaines fur lefquelles il puiffe fe déterminer.
Je fçais bien que fa plus grande reffource fera dans de pareils Ouvrages qui font executez, & qui pourront luy fournir quelques
lumieres; mais comme on ne repete pas toûjours la même chofe,
(ce qu'on doit même éviter) la difference des fujets, de leurs plans,
& de leur apparence exterieure, fait naître de nouvelles difficultez, dont on n'eft point fûr de fe tirer avec honneur quand on
manque de guide affuré pour fe conduire.

Il ne faut pas dire icy que par le moyen d'une diagonale tirée
fuivant la coupe ou profil du milieu de l'Edifice, on peut fort
bien connoître les parties qui pourront être vûes d'un point pris
à volonté : car par cet artifice qui eft fort groffier, on ne peut
connoître qu'un point, qui eft celui qui fe rencontre à l'endroit
de la coupe, & l'on ignore toûjours l'effet des autres parties qui
font à droite ou à gauche; & l'on fçait encore moins quel contour
il faut donner à toutes les parties de ce dôme & à fes accompa-
gnemens pour avoir toute la grace qui leur convient.

Ce que je viens de dire des dômes peut s'appliquer à toutes
fortes d'Edifices dans lefquels il fe trouve fouvent des parties élevées
plus que les autres, & qui font plus enfoncées que les murs de
face; d'où s'enfuit la même difficulté à laquelle on croit remedier
par des modeles qui fervent bien peu, fi on ne les fait d'une
grandeur confiderable, & qui caufent de très grande dépenfe,
parce qu'on en fait beaucoup fans néceffité, & qu'outre cela le
modele étant toûjours plus petit que l'ouvrage qui eft à faire,
l'œil n'eft point en fa place, & y découvre facilement ce qu'il ne
verroit qu'imparfaitement quand l'Edifice eft achevé.

On peut être convaincu de la verité de ce que nous venons de
dire fi l'on examine avec foin l'Elevation perfpective de la grande
pyramide dont je donne le deffein dans la fuite : car l'Elevation
geometrale d'après laquelle elle eft faite, eft bien plus haute, &
n'a plus les mêmes proportions que le deffein perfpectif qu'on
voit.

voit cy-après, quoique ce même Deſſein Perſpectif ſoit pris ſur les
meſures du geometral ſuivant la regle. Mais la grande différence
qui ſe trouve entre l'un & l'autre, vient non-ſeulement du plan
de la pyramide qui eſt plus enfoncé que les murs de l'octogone,
mais encore du grand talu de la même pyramide, qui, à meſure
qu'elle s'éleve, s'éloigne par conſéquent de la vûë. Et c'eſt pour
trouver cette vraie proportion que j'ai eu recours à la Perſpective,
qui ne pouvant jamais me tromper, m'a fait connoître à quoi je
devois m'en tenir pour donner à toute la maſſe la grace qui
luy eſt néceſſaire.

Je n'ai fait ce raiſonnement que pour en conclure. que puiſque
la Perſpective peut donner des regles ſûres, pour connoître les
vraies proportions qu'il faut rechercher dans ces parties dont
nous venons de parler, on doit s'appliquer avec tout le ſoin
poſſible à l'étude d'une ſcience ſi avantageuſe.

Il faut pour cet effet mettre en Perſpective le plan geometral
des parties qui peuvent être vûës d'un certain point pris à volonté,
tant pour la diſtance que pour la hauteur du point de vûë, &
ſur chaque point du plan racourci, élever autant de perpendiculaires, qu'on terminera ſuivant les hauteurs de l'élevation
geometrale, réduites & rapportées ſur l'échelle Perſpective, de
la maniere dont nous l'avons expliqué dans les deux premieres
parties de ce Traité; car ſi cela eſt exécuté avec toute la précaution néceſſaire, les parties enfoncées, auſſi-bien que celles
qui ſont ſur le devant, paroîtront les mêmes ſur l'élevation perſpective, & de la même maniere que ſi l'ouvrage étoit achevé.
Et alors en pourra les augmenter ou diminuer ſuivant l'effet qu'elles
font ſur le Tableau, & l'on ſera certain de voir après l'exécution parfaite de l'édifice les choſes dans le même état qu'elles
auront été repréſentées ſur ledit Tableau, pourvû qu'on ſe
mette à la même diſtance & à la même hauteur de l'œil, que
celle qui a été ſuppoſée en mettant le Deſſein en Perſpective.

DE LA DISTRIBUTION.

Ce que nous pourrons dire ici ſur l'Architecture n'étant que
par forme de digreſſion, & uniquement par rapport à la Perſpective, on ne doit pas s'attendre à un corps d'ouvrage qui renferme toutes les notions qui peuvent conduire à la perfection de
cet Art; je ne toucherai que legerement ce qui paroîtra avoir
quelque liaiſon avec la matiere de ce Traité.

Laiſſant donc à part ce qui regarde la ſolidité & la ſalubrité,

A 4

que je regarde comme étrangeres à mon sujet, je ne parlerai
qu'en paffant de la diftribution & de la décoration des Edifices.

J'entens par la diftribution, l'ufage qu'un Architecte doit
faire d'une place dans laquelle on veut faire un bâtiment de
quelqu'efpece qu'il puiffe être ; c'eft à bien parler cette partie
qu'on doit regarder comme la principale & la plus effentielle,
toutes les autres lui étant, pour ainfi dire, fubordonnées. En effet
quand vous metteriez colonnes fur colonnes ; quand vos profils
feroient plus réguliers & plus délicats que ceux de Palladio &
des plus fameux Architectes de nos jours, & quand vous auriez
employé les plus habiles Sculpteurs à la décoration de votre
Edifice, quel fuccès pouvez vous en attendre, fi votre terrein
eft mal diftribué ? Si l'on y manque de toutes les commoditez
néceffaires ? Si les principales pièces n'ont pas la grandeur, la
nobleffe & les dégagemens qui leur conviennent ? Si les jours font
mal menagez ? fi les Portes & les Cheminées font mal placées ?
En un mot, fi vous avez manqué dans quelque point effentiel qui
répugne à la qualité du Maître, ou à celle du Bâtiment dont il
s'agit.

Il eft vrai que cette partie a bien plus d'étendue qu'elle n'avoit
il y a une centaine d'années, & que nos François ont pouffé la
diftribution jufqu'à un point qui les met fort au-deffus des autres
Nations, & de tout ce que nos Peres ont fait de mieux dans ce
genre: Nous avons en France auffi bien qu'en Italie, des Palais
ou Hôtels faits dans les fiecles précedens, dans l'exterieur defquels
on voit regner une affez belle Architecture, pendant que la
diftribution des dedans n'a rien qui y réponde : on n'y trouve nulles
commoditez ; il femble qu'on ait affecté d'en éloigner le grand
jour, & d'y faire regner le crépufcule pendant toute l'année ;
on a fouvent de la peine à y placer un lit ; les cheminées occupent
le plus grand efpace des chambres, qui paroîtroient grandes à
la verité, fi à ce défaut on n'ajoûtoit la petiteffe des portes qui
donnent une foible idée des lieux où elles conduifent. Mais fi
par les heureufes découvertes qui fe font faites depuis un fiecle,
les François ont inventé un nouvel Art de la diftribution, &
qu'ils ayent en cela furpaffé leurs Voifins, & ne leur ayent laiffé
que la gloire de nous imiter, on doit faire tous les efforts ima-
ginables pour foutenir cette réputation ; & malgré les difficultez
qu'on peut trouver dans ce genre d'efcrime, il faut que l'Architecte
emporte le prix, puifque c'eft en cela qu'il fera paroître fon génie,
& que toutes les autres parties en dépendent & s'y rapportent
néceffairement.

Un Architecte hors du commun doit répandre le grand dans tous ses ouvrages, mais avec une certaine restriction: on fait dans des Palais de conséquence des Vestibules, des Escaliers, des Sallons, des Antichambres, des Chambres de parade, des grands Cabinets, & plusieurs autres pieces de cette nature d'une grandeur au-dessus de l'ordinaire & proportionnée à celle de l'Edifice; cela est en place, & l'on sort des proportions communes dans ces occasions; mais on tomberoit dans le ridicule, si on vouloit faire d'aussi grandes pieces dans une place d'une médiocre étendue, comme il arrive quelquefois, quoiqu'on s'expose par-là à une juste critique, & qu'on perde de plus une partie de son terrein qu'on employeroit à un meilleur usage.

Il ne suffit pas d'employer assez bien l'étendue de son terrein, & de trouver à-peu-près toutes les commoditez nécessaires, il faut encore, en faisant sa distribution, avoir égard à la décoration des dehors, soit en faisant des Avant-corps ou Pavillons qui soient proportionnez à la masse de l'Edifice; soit en plaçant les Portes & Croisées, de maniere qu'elles fassent une parfaite simétrie; soit en distribuant les Tremeaux, en sorte qu'ils soient susceptibles de tels ornemens qu'on voudra y mettre: En un mot s'il n'y a un accord parfait des parties intérieures de l'Edifice avec les murs de face du dehors, il ne faut pas croire qu'on ait l'approbation du Public. On peut dire au contraire qu'en mariant les dehors avec la composition des dedans, on fait naître un plaisir secret dans l'ame des Spectateurs, qui, sans pouvoir rendre la raison de la satisfaction qu'ils ressentent, ne sçavent à quoi l'attribuer, quoiqu'ils ne voyent dans ce qu'ils admirent que des Croisées, des Pilastres, des Masques, des Consoles, & d'autres pareils ornemens qu'ils ont remarqué cent fois ailleurs, sans sentir la même émotion.

Je ne sçaurois m'empêcher de dire icy qu'il est très-dificile, pour ne pas dire impossible d'atteindre à ce rapport parfait des parties interieures d'un Bâtiment avec celles de dehors, lorsqu'un Architecte n'est pas maître absolu de son sujet, & qu'on dérange ses idées, le plus souvent pour des bagatelles; car s'il mollit un peu trop, ou qu'il ait affaire à des personnes entêtées & prévenues d'une prétendue capacité, il ne peut attendre que du blâme dans la suite, & on le rendra responsable des fautes qu'on lui aura fait faire. Les demi-sçavans sont dangereux dans toutes les affaires, mais ils sont insupportables en fait de Bâtimens, quoique le nombre en soit presque infini : *Stultum omninò quàm semistultum & ignarum omninò quàm semidoctum.*

Comme ce n'eſt point icy le lieu d'enſeigner à faire une
diſtribution , & qu'on ne pourroit même le faire qu'en donnant
les plans des plus beaux Hôtels de Paris , & en y faiſant les
remarques qu'on jugeroit les plus néceſſaires, je me contenterai
de dire qu'on ne ſçauroit parvenir à faire un plan parfait, ſi en
compoſant celui du rez-de-chauſſée on n'a égard aux ſuperieurs ,
à commencer depuis les ſous-terreins juſqu'au comble: ſans cette
précaution on s'expoſe à des inconveniens très-fâcheux , & qui
deviennent quelquefois irréparables dans la ſuite. Il faut faire
attention , ſur-tout aux paſſages des tuyaux de cheminées, à placer
les ſolives d'encheveſture , de maniere qu'en remediant aux
accidens du feu, on ne donne pas une trop grande portée à
leur chevêtre, ce qui cauſe ſouvent la ruine des planchers. On
doit faire en ſorte qu'il n'y ait aucune cloiſon de maſſonnerie
dans les étages ſuperieurs qui porte à faux , comme on le voit
dans pluſieurs endroits, où l'on fait porter encore ſur ces cloiſons
des travées de plancher , ce qui ne peut manquer d'attirer de
fâcheuſes ſuites. Il faut de plus , ſonger aux principales pieces du
comble , qui, non-ſeulement doivent porter ſur le ſolide, mais
encore être éloignées du paſſage des ſouches de cheminées. Toutes
ces précautions, ſans parler de pluſieurs autres, qui peuvent
naître de la différence des plans & des ſujettions qui s'y rencontrent, nous font aſſez comprendre qu'un Architecte doit embraſſer
toutes les parties de ſon Édifice, & prévoir en même temps les
obſtacles qu'il peut trouver dans l'exécution: car ſi ſon eſprit
n'a pas toute cette étendue, il ne peut manquer de ſe trouver
court au milieu de ſon ouvrage, & de tomber par conſéquent
dans des fautes qu'il n'eſt plus temps de réparer. On conclura
de-là que la diſtribution renferme de grandes difficultez , &
qu'il faut avoir une experience conſommée, ſi l'on veut s'en tirer
avec honneur.

Mais ce qui rend une diſtribution parfaite, & où l'Architecte
doit employer toute ſon étude, c'eſt l'arrangement naturel de toutes
les pieces de l'Edifice, dans leſquels il faut conſerver la nobleſſe,
la grandeur & la proportion qui leur eſt convenable: leur différence ne conſiſte pas dans la figure, comme pluſieurs ſe l'imaginent,
parmi leſquels on en voit qui font conſiſter la beauté du plan,
en donnant à chaque piece des contours différens , dont les
uns ſont circulaires, d'autres ovales, quelques-unes à pans, &
d'autres encore compoſées de toutes ces figures , ce qui donne
à un plan l'apparence d'un parterre coupé, ſur-tout lorſque
les pieces de la droite font une ſimétrie avec celles de la
gauche,

gauche, ce qu'ils croyent être fort néceſſaire pour rendre une diſtribution plus agréable.

Il n'eſt pas difficile de faire voir l'erreur de cette opinion vulgaire ; car la ſimétrie qui fait une des principales beautez de l'Architecture, ne doit être que dans les parties qui ſe préſentent à l'œil dans le même temps : & c'eſt par cette raiſon que toutes les parties extérieures d'un Edifice doivent garder entre-elles une ſimétrie parfaite, tant pour les Saillies des Corps ou Pavillons, que pour la diſtribution égale des Portes, des Croiſées, & de tous les ornemens qu'on y peut découvrir. De même encore, dans cha-que piece intérieure de l'Edifice, il faut obſerver le plus rigou-reuſement qu'il ſera poſſible une proportion égale dans toutes les parties qui la compoſent, ſi l'on veut avoir l'approbation des gens de bon goût ; mais pour ce qui regarde la totalité de ces pieces, on ſçait que la beauté principale conſiſte dans la varieté qu'on leur donne, ſoit pour la grandeur, ſoit pour la différence des ornemens, ſoit enfin par rapport à l'uſage qu'on en veut faire, parce que rien ne ſeroit plus ennuyeux que de voir une répeti-tion continuelle de la même choſe, dans une ſuite de tant de pieces qui compoſent les grands Appartemens.

Mais il ne faut pas s'imaginer que cette varieté doive s'en-tendre des contours différens, & qu'il ſoit neceſſaire de faire des pieces rondes, ovales ou à pans ; on ne feroit par-là qu'augmenter ſans néceſſité la dépenſe par l'épaiſſeur extraordinaire des murs, & retrancher en même temps une partie de l'étendue de ces pieces, ſans en augmenter la beauté. Je ne dis pas qu'on ne puiſſe dans de certains cas, ſe ſervir utilement de ces ſortes de figures, comme dans des Veſtibules ou grands Sallons, lorſqu'ils font le milieu d'une façade, & qu'ils font ſaillie du côté des cours ou des jardins : mais cela ne doit arriver que rarement, & il ne faut ſe ſervir de ces figures extraordinaires que dans des plans irréguliers, ou pour corriger les biais du terrein, ces ſortes de figures placées bien à propos, font connoître le génie & la capacité de l'Architecte.

Il ne me reſte plus rien à dire ſur la diſtribution en general, ſi ce n'eſt qu'il ne doit y avoir dans tout le plan aucune partie ſi petite qu'elle ſoit qui n'ait ſon uſage particulier, & dont on ne puiſſe rendre raiſon : c'eſt par-là qu'on verra ſi le terrein eſt bien menagé, & ſi faute d'intelligence il ne s'y trouve point des vuides : car il n'arrive que trop ſouvent que les Architectes font en cela fort ſemblables aux mauvais Poëtes, qui ne pouvans tirer de leur fond des expreſſions aſſez claires ou aſſez relevées

B b

pour la dignité de leur sujet, y substituent ce qu'on appelle
des Chevilles.

DE LA DECORATION DES EDIFICES.

Le discours que nous venons de faire sur la distribution, nous
doit convaincre d'abord, qu'elle est la premiere dans l'intention
de l'Architecte, & que la décoration d'un Edifice dépend d'un
plan déterminé, dont toutes les longueurs & largeurs font connues, & dont il ne s'agit plus que de fixer les élevations. J'ai
dit, & je le répete encore icy, qu'en faisant la distribution d'un
plan, on devoit avoir égard à la décoration des dehors; & que
s'il n'y avoit un accord parfait entre l'une & l'autre, on ne
pouvoit se flatter de plaire aux gens de bon goût, & qu'au
contraire on se sentoit frappé d'un mouvement de joie inconnu,
lorsque l'Architecte avoit eu l'adresse d'accommoder cette har-
monie à l'organe de la vûë. Ce n'est donc pas encore assez
d'avoir réussi dans une belle distribution, si l'on ne donne aux
élevations tout l'agrément & toute la grace qui leur conviennent
par rapport à l'Edifice dont il s'agit, à la qualité du Maître & à
la dépense qu'on y veut faire.

Si nous avons surpassé les Anciens dans la distribution des
plans, parce qu'ils pouvoient avoir moins de délicatesse, ou que
nous jugeons mal de leur magnificence en ce qu'elle descendoit
moins dans le particulier; on peut dire avec justice que nous
ne sommes que leurs copistes dans ce qui regarde la décoration
des Edifices : bien loin de mépriser ce qui nous reste des fragmens
que la fureur des Barbares n'a pû détruire, on sçait avec quels
soins & quelles dépenses le feu Roy en a fait prendre les mesures,
& que la plus belle Architecture de nos jours n'est reconnue
pour telle, qu'autant qu'elle est conforme à ces excellens Origi-
naux. Les Anciens ne nous ont laissé que cinq ordres d'Architecture, dont les proportions ont paru si belles de siecle en siecle,
que personne n'a eu la hardiesse de les changer. Plusieurs Peuples,
pour se distinguer des autres, ont fait leurs efforts pour en in-
venter un sixiéme; les François même, animez d'un beau zéle, ont
travaillé pendant plusieurs années à cette découverte chimerique,
voulans triompher aussi-bien dans la paix que dans la guerre,
mais ce sixiéme ordre est encore à paroître, à moins qu'on ne
veuille donner ce nom à quelques ornemens qu'on a changé dans
le Chapiteau Corinthien, qui certainement n'ont pas la grace
du Chapiteau Antique.

Quoiqu'il y ait une infinité de chofes à dire fur cette partie qui regarde la décoration, on me difpenfera d'un travail qui n'eft point de mon fujet, & je ne ferai que quelques Remarques qui peuvent y avoir plus de rapport.

La plûpart des Architectes, entre lefquels on peut mettre Vitruve & fon Commentateur, ont cru que l'on devoit donner moins de diminution aux colonnes d'un même ordre, lorfqu'elles avoient une plus grande hauteur, & que cette diminution devoit aller par dégrez, c'eft-à-dire, qu'une colonne de trente pieds de haut devoit avoir moins de diminution qu'une de vingt pieds, & qu'une de quarante pieds de haut en devoit avoir par conféquent moins qu'une de trente, & ainfi à l'infini : ils tiroient leur raifonnement de l'Optique, & foutenoient que puifque l'angle vifuel étoit moindre en regardant la partie fuperieure d'une colonne de quarante pieds de haut, que n'eft celui qui fe fait en regardant le haut d'une colonne de vingt pieds, on devoit donner moins de diminution à celle de quarante pieds qu'à celle de vingt pieds, parce que la grande hauteur de la premiere lui donnoit déja une apparence de diminution. Mais il n'eft pas mal aifé de faire voir la fauffeté de ce raifonnement, fi l'on confidere que la colonne de quarante pieds de haut, fi elle eft Corinthienne a quatre pieds de diamétre, & que celle de vingt pieds de haut du même ordre n'en a que deux. D'où il fuit que la diminution doit être égale dans toutes les deux, à moins que l'on ne prétende changer toutes les proportions des ordres, & augmenter leurs parties à mefure qu'elles font plus elevées, & c'eft encore ce que quelques perfonnes ont ofé avancer, fondées fur une Optique mal entendue.

Pour détruire ces faux préjugez fans s'écarter des principes de l'Optique, il faut remettre icy devant les yeux une figure que nous avons expliqué au commencement de la premiere Partie de ce Traité, & qui eft la cinquiéme de la premiere Planche, dans laquelle la ligne horifontale 1-2 eft divifée en plufieurs parties égales aux points 1-14, 10-9 & V, que l'on prendra fi l'on veut pour des toifes: la ligne perpendiculaire V X fera divifée en autant de parties égales aux points V 15-16-17-18. Si du point E où l'œil eft placé on tire autant de rayons vifuels à chaque divifion des lignes 1-2 & V X, il eft aifé de voir que l'angle vifuel V 9 E eft plus grand que 9-10 E, & l'angle 9-10 E plus grand que 10-14 E, de même fur la perpendiculaire 18-V X l'angle V 15 E eft plus grand que l'angle vifuel 15-16-E, & l'angle 15-16-E plus grand que 16-17 E, & ainfi des autres : d'où il eft aifé de conclure que les angles vifuels de la ligne horifontale 1-2 font tous égaux

aux angles visuels de la perpendiculaire V X, puisque leurs bases sont égales par l'hypotése : donc si par une raison d'Optique, comme ils prétendent, on doit augmenter la grandeur apparente de la partie 17-18, parce qu'elle est plus éloignée de l'œil que la partie V 15, & que l'angle visuel 17-18-E est beaucoup plus petit que l'angle V-15-E, il faudra par la même raison, & pour contenter l'œil placé en E faire la partie 1-14. plus grande que V 9, puisque l'angle visuel 14-1-E, est aussi plus petit que l'angle Y 9 E, c'est-à-dire, que sur une face de Bâtiment prise sur sa longueur, les parties les plus éloignées du milieu représenté par le point V, devroient être plus grandes que celles qui en approchent afin de leur paroître égales, ce qui est tout-à-fait absurde.

Il n'est pas mal aisé de voir la fausseté de cette maxime & la conséquence qu'on en pourroit tirer ; que si on ne s'en apperçoit pas d'abord, cela peut venir de ce qu'on n'a pas fait attention à ce qui paroît à l'œil, lorsqu'il regarde une face de Bâtiment sur sa longueur : car quoique toutes les parties soient égales les unes aux autres, comme le diamétre des Colonnes ou Pilastres, les largeurs des Croisées & le reste, elles paroissent bien différentes à l'œil, & diminuent de grandeur apparente à mesure qu'elles s'éloignent du point de vûë.

Mais ce qui fait encore mieux paroître l'absurdité de ce raisonne-ment, est que si l'on devoit augmenter les parties les plus élevées à proportion de leur éloignement pour leur donner une apparence d'égalité, il faudroit nécessairement dans les Edifices où l'on fait paroître quelquefois trois ordres l'un sur l'autre, que le der-nier ordre devînt plus fort que le plus bas, ce qui ne se pourroit faire qu'en deux manieres ; l'une de faire le diamétre des Colonnes superieures plus fort que l'inferieur, ce qui seroit ridicule ; l'autre de donner plus de diamétres en hauteur aux Colonnes superieures qu'il n'est porté par la regle, ce qui les feroit paroître encore plus grêles, & détruiroit de fond en comble le raisonnement de ceux qui prétendent qu'on doit donner moins de diminution aux Colonnes d'une grande hauteur, qu'à celles qui en ont moins.

Mais pour détruire de plus en plus cet ancien préjugé, par lequel on prétend qu'une Colonne de trente ou quarante pieds de haut, doit avoir moins de diminution qu'une de vingt pieds du même ordre, & tous les autres qu'on pourroit faire sur les différens ornemens des Edifices, lorsqu'ils sont fort élevez au-dessus de la vûë, je demande qu'il me soit permis de faire ce raisonne-ment. On m'accordera sans doute qu'il y a dans l'ordre Corinthien, comme dans tous autres ordres, une certaine proportion qui a été d'abord établie par ces grands Architectes de l'Antiquité, qu'elle a été goûtée de siecle en siecle par ceux qui les ont suivi, & qu'elle est enfin parvenue jusqu'à nous avec un consentement universel de toutes les personnes de bon goût : il est vrai que cette beauté qu'on trouve dans une Colonne bien proportionnée, n'est à bien parler que positive, je veux dire par-là qu'elle n'est point fondée sur la nature, puisqu'on pouvoit lui donner d'autres mesures ; mais l'élegance qui se trouve dans toutes ses parties, l'applaudissement de toutes les Nations, enfin la prescription de tant d'âges, sont autant de titres qui lui donnent le même privilege qu'aux autres productions de la nature.

Ceci supposé, on doit regarder une Colonne de vingt pieds de haut parfaitement proportionnée, comme on feroit une belle Statue de six ou sept pieds de haut, qui représenteroit, si vous voulez quelque Heros, & dans laquelle un habile Statuaire auroit observé toutes les regles de son Art : la comparaison sera toûjours juste de quelque côté qu'on la tourne, puisque l'Architecte & le Sculpteur ont chacun des regles & des proportions, desquelles ils ne peuvent s'écarter sans s'exposer à une juste critique.

Voyons présentement ce que feroit le même Sculpteur, si on l'obligeoit de faire une Statue du même Heros de treize ou quatorze pieds de haut, c'est-à-dire du double, comme est celle de Louis le Grand à la Place des Victoires. Il seroit sans doute obligé, s'il suivoit le raisonnement que nous combattons, de changer les proportions de sa Figure, qui ayant le double en hauteur de la premiere, & portée de plus sur un piédestal fort élevé, ne devroit plus paroître dans la même proportion que la premiere qui n'avoit que six pieds de hauteur ; ce qu'il ne pourroit faire qu'en donnant plus de largeur aux parties les plus élevées comme à la tête & aux épaules, de même que l'Architecte qui auroit à faire une Colonne de quarante pieds du même ordre corinthien, donneroit plus de largeur au haut de la Colonne, ou ce qui est la même chose, moins de diminution qu'à celle de vingt pieds. Or je demande si l'habile Sculpteur qui a fait la Statue de la Place des Victoires, a eu quelqu'égard aux effets de l'Optique, & s'il n'a pas gardé les mêmes proportions dans sa Figure qui a quatorze pieds de haut, que dans une pareille qui n'auroit eu que six à sept pieds de hauteur. Pourquoi donc voudroit-on que l'Architecte changeât ses proportions dans une Colonne de quarante pieds, & qu'il la traitât autrement qu'il ne feroit une Colonne qui n'auroit que vingt pieds de hauteur ? Je me trompe

C c

fort si ce raisonnement n'a pas toute la force d'une démonstration
geometrique, je m'en rapporte au Lecteur éclairé.

Il résulte de tout ce que nous venons de dire, que l'on ne
doit jamais changer les proportions d'un ordre de Colonne à
quelque hauteur qu'il se trouve placé, & encore moins lorsqu'on
met plusieurs ordres l'un sur l'autre, comme cela est assez ordinaire aux Portails des Eglises : une des principales raisons est que
l'œil est accoutumé à juger de la grandeur des objets par leurs
distances, & que quoiqu'il paroisse à l'œil qu'un objet n'a pas
plus de vingt pieds, quoiqu'il en ait quelquefois plus de trente,
il ne sçauroit jamais être trompé à la rigueur, par l'habitude
qu'il a de juger de la vraie grandeur des objets, non-seulement
par la distance, mais encore par la force plus ou moins grande
de la lumiere qui les lui fait appercevoir, & même par la comparaison des autres corps qui l'environnent.

Ce rafinement d'Optique sur les Colonnes, & autres parties qui
en dépendent, s'est porté plus loin, & on l'a étendu jusqu'aux
Statues & autres ornemens de Sculpture, dont on a accoutumé
d'enrichir les parties les plus élevées des grands Edifices. Je n'en cite-
rai icy qu'un exemple qui est celui des quatre Evangelistes du fameux Portail de S. Gervais, qui sans contredit est peut-être le
plus beau morceau d'Architecte qu'il y ait dans toute l'Europe :
tout le monde conviendra que ces quatre figures paroissent
énormes, & que le Sculpteur qui les a traitées en voulant s'écarter de la nature, & rafiner sur les regles d'une science qu'il ap-
pliquoit mal, a fait des Statues gigantesques plûtôt que des
Apôtres : il est vrai qu'ils sont assis par leur attitude, car
s'ils étoient debout, ils paroîtroient aussi haut que les Colonnes.

Il n'est donc pas plus permis de s'écarter des veritables proportions dans ce qui regarde la Sculpture, que dans les parties
qui dépendent de l'Architecture; & si l'on peut faire quelques
Statues colossalles, ce ne peut être que dans des lieux isolez,
comme dans des Places publiques, dans des jardins, & autres
lieux entierement détachez des Edifices. Je sçais bien que l'on
peut placer dans des niches au rez-de-chaussée des Figures plus
grandes que le naturel, comme il s'en voit aux Portails de plusieurs Eglises & dans quelques grands Palais ; mais s'il se rencontre
au-dessus un second ordre de Colonnes, ou même davantage, je
soutiens que malgré la plus grande distance, les Figures qui se
trouveroient à plomb des premieres ne doivent point être plus
grandes, ce qu'il est aisé d'entendre après ce que nous avons dit
cy-dessus.

Le sujet que nous traitons icy, ne nous permet point de nous étendre trop sur ce qu'on peut dire des cinq ordres d'Architecture; trop d'habiles gens ont parlé de cette matiere à fond : je dirai seulement en faveur des amateurs de cet Art, que Palladio & Scamozzy sont ceux que je regarde comme les premiers Maîtres. Vignole a laissé à la verité d'assez beaux profils dans toutes les especes; mais l'affectation qu'il a de donner dans tous les ordres le quart de la hauteur de la Colonne à ses entablemens, & le tiers de la même hauteur à tous ses Piédestaux, est fort contraire à l'usage, aussi-bien qu'au bon goût, & pourroit donner de mauvais principes aux Eleves qui voudroient l'imiter en tout; ce qui me le fait mettre au-dessous des deux premiers, dont les proportions generales sont si bien distribuées dans chaque espece de Colonnes, & les profils d'un si grand goût, que les plus habiles de nos jours se font encore une gloire de les imiter.

On me permettra de dire, lorsqu'on décore les faces d'un Edifice considerable d'un ou de plusieurs ordres de Colonnes, que l'on ne doit jamais s'écarter des proportions generales établies par les grands Maîtres de l'Art : je veux dire par là qu'il n'est pas permis de supprimer aucune partie principale, comme il arrive lorsque sur une Colonne ou Pilastre on se contente de mettre une corniche architravée en supprimant la frise, ou mutilant quelque membre de ce qu'on appelle l'Entablement : c'est un défaut assez ordinaire, mais que de vrais Architectes éviteront toûjours : en effet, quelle nécessité y a-t-il de faire montre de ce que l'Architecture a de plus beau, dès qu'on en défigure les parties? Si la hauteur ne suffit pas pour mettre une ordonnance de Colonnes dans tout son éclat, il est plus sage de s'en départir & de chercher son avantage d'un autre côté; & dès qu'on ne peut donner aux cinq ordres la proportion convenable, & à laquelle l'œil est accoûtumé depuis tant de siecles, on doit prendre tout autre parti, plûtôt que de s'exposer à une critique infaillible.

Il n'en est pas de même de l'ordre qu'on nomme Attique, qui sortant des proportions ordinaires, en ce que son Pilastre a moins de modules en hauteur que les Colonnes, peut-être fort bien couronné par une corniche architravée : on en voit tant d'exemple, qu'il est inutile d'en citer aucun : on peut encore dans l'intérieur des Peristiles ou Vestibules, ne mettre qu'un architrave ou simple corniche, comme il se voit à plusieurs Portails d'Eglises & dans plusieurs Palais : mais pour l'interieur des Eglises, il faut que l'ordonnance en soit complette, & ne pas tomber dans de défaut de quelques Eglifes modernes de Paris ; & entr'autres des Religieux Prémontrez du Fauxbourg S. Germain.

Les Piédeftaux qui font une partie confiderable d'une or-donnance, conviennent très-bien fous un premier ordre ; mais malgré l'ufage contraire, je n'en voudrois point mettre fous un fecond ordre, & encore moins fous un troifiéme : la raifon en eft affez claire, la faillie de la bafe des Colonnes fuperieures porte déja entierement à faux fur le nud de la Colonne du premier ordre : fi vous y ajoûtez donc la faillie de la bafe d'un Piédeftal, combien de porte-à-faux les uns fur les autres, & que devien-nent les premieres regles de la folidité ? Je fouhaiterois donc qu'on fe contentât d'un Socle affez élevé au lieu d'un Pié-deftal, qu'on pourroit rendre leger en y faifant quelques orne-mens, & cela dans un goût proportionné à la décoration du refte.

Difons encore un mot des Baluftrades de Pierre, qui fe mettent ordinairement fur les entablemens des grands Edifices ; elles font compofées d'une tablette fimple ou ornée de quelques moulures, du Baluftre & d'un Socle par le bas ; ce Socle, foit qu'il foit uni ou accompagné de quelques moulures, doit avoir en hauteur la faillie entiere de l'entablement, & même quelque chofe de plus : on donne pour l'ordinaire deux pieds de hauteur aux Baluftres, & rarement davantage, ce que j'ai remarqué dans les plus beaux Bâtimens de Paris, & entre autres à ceux des Faces du Palais de Verfailles du côté du petit Parc, qui ne laiffent pas d'être à une hauteur très-confiderable. Mais ce qu'il faut obfer-ver le plus, c'eft de ne point faire leurs travées fi longues, qu'on foit obligé de faire la tablette qui les couvre de plufieurs pieces, ce qui eft un affez grand défaut, tant contre la bonne grace que contre la folidité : car rien n'eft plus fec que de voir une traînée de quinze ou vingt Baluftres fans pilaftre & fans au-cune liaifon, ce qui les fait reffembler proprement à des fufeaux. On peut voir dans la ruë de l'Univerfité, Fauxbourg Saint Germain, un exemple fort particulier de cette efpece, dans deux Arriere-corps du principal corps de logis, à chacun defquels il y a deux Croifées de part & d'autre, où regne de chaque côté une Ba-luftrade garnie de vingt Baluftres fans aucune interruption, & qui comprend par conféquent l'etendue des deux Croifées & du Tremeau du milieu : mais dans les flancs du même Corps de Logis, on voit regner trois Cours de Baluftrades, dont chaque travée des deux bouts a l'étendue de trois Croifées & de deux Tremaux.

II

Il faut donc que sur chaque Tremeau de Croisée il y ait un Piédestal accompagné, autant qu'on le peut, d'une Alette en arriere-corps de chaque côté, ce Piédestal au nud & sans y comprendre la Tablette & le Socle, doit avoir deux pieds & demi de face au moins, & les Alettes neuf à dix pouces : cette disposition donne un repos à toute la Baluſtrade, & lie ſi bien toutes ſes parties enſemble, que le tout en paroît mieux proportionné.

Pour dire à préſent quelque choſe des parties intérieures des Palais & des Hôtels les plus conſidérables, on a fait de ſi grands changemens à leurs décorations depuis une trentaine d'années, qu'on ne s'y reconnoît plus aujourd'huy, & l'on auroit le dernier mépris pour un Architecte qui n'ajoûteroit pas quelque nouveauté ſinguliere à toutes celles qu'on a introduites depuis ce même temps contre l'uſage, & peut-être même contre la raiſon & le bon ſens : je ſçai bien qu'on s'y eſt tellement accoutumé, qu'il ſeroit dangereux d'aller contre le torrent, & de ſe roidir contre des modes que trente années de preſcription ſemblent avoir aſſez autoriſées, auſſi mon intention n'eſt pas de les cenſurer : mais on me permettra de dire en paſſant, que l'inconſtance de notre Nation avoit aſſez de matiere à s'exercer ſur les choſes de peu de durée, comme ſont toutes celles qui ont du mouvement ; les meubles, les caroſſes, les habillemens ſont de cette nature, au nombre deſquelles on ne doit pas mettre les Edifices, & tout ce qui en fait partie, dont la durée doit aller juſqu'à nos derniers Neveux.

On me dira peut-être qu'il y a des perſonnes d'un goût ſi exquis, & dont le génie eſt ſi fertile en rares productions, qu'il doit leur être permis de riſquer ces ſortes de nouveautez ; il faut convenir de cette verité : mais de même que ſuivant le Proverbe des Anciens, il n'étoit pas permis à tout le monde d'aller à Corinthe ; on peut dire qu'il n'y a pas beaucoup de ces grands génies dans notre ſiecle, & qu'il y a au contraire beaucoup de Singes (s'il m'eſt permis de me ſervir de ce terme) qui comme ces vils animaux, mettans toute leur induſtrie à contrefaire les plus belles choſes qu'on a inventé de nos jours, ne les imitent que dans ce qu'elles peuvent avoir de défectueux. C'eſt de-là que nous viennent tant de ridicules ornemens, qu'on voit répandus avec profuſion & ſans goût dans la plûpart des Edifices, qu'on trouve d'autant plus beaux qu'ils ſont plus chargez de Sculpture ; ce qui eſt à mon ſens la plus grande des erreurs.

Il eſt vrai que des ornemens de Sculpture bien traitez relevent

D d

infiniment les beautez de l'Architecture, & sur-tout dans les parties intérieures des Bâtimens dont il s'agit en cet endroit; mais comme ils ne sont, à proprement parler, qu'accessoires, & qu'on doit toûjours regarder la proportion de tous les membres d'Architecture comme le principal objet, il ne faut s'en servir qu'avec beaucoup de ménagement si l'on veut que l'œil soit satisfait, & qu'il en goûte pleinement toutes les beautez: mais lors qu'on jette des ornemens sur toutes les parties sans choix & sans nécessité, il n'y a plus que de la confusion, l'œil ne sçait plus où se reposer, l'Architecture est cachée sous ces voiles, & rien ne nous frappe, parce que rien ne nous émeut assez pour le sentir.

Comme cette Digression nous meneroit trop loin, s'il falloit citer des éxemples, qui déplairoient sans doute aux personnes interessées, je me contenterai de dire que ce n'est pas encore assez de retrancher la confusion des ornemens de Sculpture, si l'on n'en sçait pas faire le choix qui dépend ordinairement de la qualité, des emplois, & même des inclinations particulieres des Seigneurs qui font bâtir. On pourra donc choisir parmi tous les différens Trophées ou Attributs de Guerre, de Marine, de Chasse, de Musique, de Science, & tant d'autres que je pourrois nommer, ceux qui conviendront le mieux au sujet que l'on aura à traiter, & c'est à quoi l'on doit s'étudier le plus, quand on veut avoir l'approbation des gens de bon goût.

Mais comme ces dedans sont aujourd'huy d'une trés-grande importance, par la grande dépense que la mode a rendu comme nécessaire, il faut que l'Architecte épuise tous les secrets de son Art à la distribution & l'arrangement de toutes leurs parties, qui consistent dans une belle proportion, dans un choix délicat des plus beaux profils, & dans une grande varieté.

J'entens par la proportion, la hauteur qu'il faut donner aux Corniches sous les plafonds, la distribution des Pilastres, Panneaux, Cadres & autres parties des Lambris de Menuiserie, dont l'arrangement dépend de la grandeur des pieces, de leur hauteur & des sujettions causées par les Portes, Croisées ou Cheminées.

Les profils qui se font dans ces pieces, sont bien différens de ceux que l'on fait au dehors; ils doivent être fort délicats, avoir peu de saillie aussi-bien que les ornemens de Sculpture qui s'y font, & l'Architecte doit en faire lui-même les profils, & ne s'en rapporter jamais aux Ouvriers.

A l'égard de la varieté, elle doit regner dans toutes les pieces d'un Appartement, c'est-à-dire, que les Desseins en doivent être différens; aussi-bien que les profils & les ornemens, avec cette remarque que les premieres pieces se font pour l'ordinaire moins riches que celles qui suivent.

Enfin si l'on veut donner toute la perfection à son ouvrage, il ne faut pas se contenter de donner aux Ouvriers un Dessein bien lavé & cotté pour chaque piece, on doit le faire crayonner en grand sur le lieu même où doit être posé le Lambris, & y faire dessiner le plus éxactement que l'on pourra tous les ornemens qu'on voudra y mettre, afin de pouvoir corriger, augmenter ou diminuer les parties qui paroîtront trop fortes ou trop foibles : car on juge bien autrement de ces sortes d'ouvrages, quand on les voit dans leur grandeur naturelle, qu'on ne fait sur un Dessein réduit en petit, ce que l'experience apprendra beaucoup mieux que le discours.

Comme ce Traité n'a pour objet que la Perspective, je réserve pour un autre temps un discours plus étendu sur l'Architecture en particulier, dans lequel je tâcherai de donner une plus parfaite connoissance de cet Art, & principalement sur ce qui peut former ce qu'on appelle le bon Goût.

On peut voir déja par le peu de remarques que nous avons fait jusqu'icy, que les connoissances nécessaires à un bon Architecte ont plus détendue qu'on ne s'imagine, & qu'il ne suffit pas d'avoir exercé la fonction de Dessinateur pendant quelques années pour en mériter le Titre, comme cela n'est que trop ordinaire : car bien loin d'avoir acquis la plus grande partie des Sciences qui sont absolument nécessaires, on prend cette qualité sans avoir même la Pratique ny cette experience consommée dans les Bâtimens, & qui ne s'apprend point dans le Cabinet, mais par des travaux pénibles & non interrompus ; il ne faut donc plus s'étonner si l'Architecture a perdu beaucoup de son premier éclat depuis un certain nombre d'années, & l'on doit même apprehender que ce mal n'augmente, si l'on n'exige point d'autres dispositions de ceux qui se prévalent de cette qualité.

Laissant donc à part les autres remarques que je pourrois faire, parce qu'elles me meneroient trop loin, je donnerai en ce lieu les Plans & Elevations Perspectives de quelques Ouvrages de mon invention, dont la plus grande partie a été heureusement exécutée ; & je commencerai par une Pyramide que j'avois imaginée, & dont le Projet a été honoré de l'attention particuliere, & si je l'ose dire, de l'approbation du feu Roy de glorieuse memoire, à la gloire duquel ce Monument étoit consacré.

Cette Pyramide a vingt-deux toises de haut, depuis le pavé

jufqu'à la couronne qui en fait le fommet ; le plan de la bafe qui la foutient étant un octogone, dont les quatre principales faces répondent aux quatre côtez de la Pyramide : j'avois cru ne pouvoir traiter mon Sujet plus noblement, qu'en faifant dans le milieu de chaque face une grande niche, capable de recevoir un groupe de Figures, qui étant Allegoriques & ayans un rapport effectif avec les actions éclatantes de Louis le Grand, repréfentées fur chacune des faces de la Pyramide, pût en mêlant l'agrément de la Fable avec la nobleffe du fujet, porter l'efprit plus agréablement à l'intelligence des bas reliefs hiftoriques qui y font diftribuez. J'avois encore placé dans les petites niches des pans coupez les quatre Vertus heroïques qui leur ont fervi de fondement.

Dans la grande niche de la premiere face, on voyoit un Apollon vainqueur du Serpent Pithon, qui après l'avoir percé de fes fléches & le foulant du pied, raffure les Mortels de la frayeur que ce Monftre avoit répandu dans les efprits : il a à fes côtez dans les deux niches des pans coupez la Force & la Prudence ; l'application en eft fort aifée ; on fçait que le Roy avoit pris pour devife le Soleil, que les Poëtes entendent par le même Apollon ; & perfonne n'ignore qu'après les Guerres Civiles, qui comme un déluge avoient innondé prefque toute la France, Sa Majefté prenant feule le gouvernement de l'Etat, répandoit comme un nouveau Soleil, les rayons d'une douce influence, non-feulement fur toutes les parties de cette Monarchie, mais encore dans les Provinces les plus éloignées de l'Europe. Les Ennemis de fa gloire ne purent en foutenir l'éclat, fans en témoigner leur reffentiment ; ils ne fe contenterent pas de répandre le venin dans tous les cœurs par leurs difcours & leurs écrits injurieux, ils firent des Ligues fecrettes & obligerent enfin Sa Majefté à paffer en perfonne jufques dans leurs propres Etats : Ce fût alors qu'ils interefferent les plus grandes Puiffances de l'Europe dans leur querelle, & qu'ils firent plufieurs Ligues que le Heros de la France diffipa enfin contre leurs efperances, foutenu de fa valeur & de fa prudence ordinaire.

C'eft ce qu'on voyoit dans les bas reliefs de la même face par le paffage du Rhin, les prifes de plufieurs Villes & le gain de plufieurs Batailles, & enfin par la Paix de Nimegue, que le Roy donna à toute l'Europe, dont la tranquillité lui parut plus chere que fa propre gloire.

La feconde face de la Pyramide avoit pour fujet la ruine de la fameufe Ligue d'Aufbourg, dont les projets chimériques ne fe bornoient pas à moins qu'à la Conquête entiere de cette Monarchie, de laquelle elle avoit déja partagé les dépouilles : on
voyoit

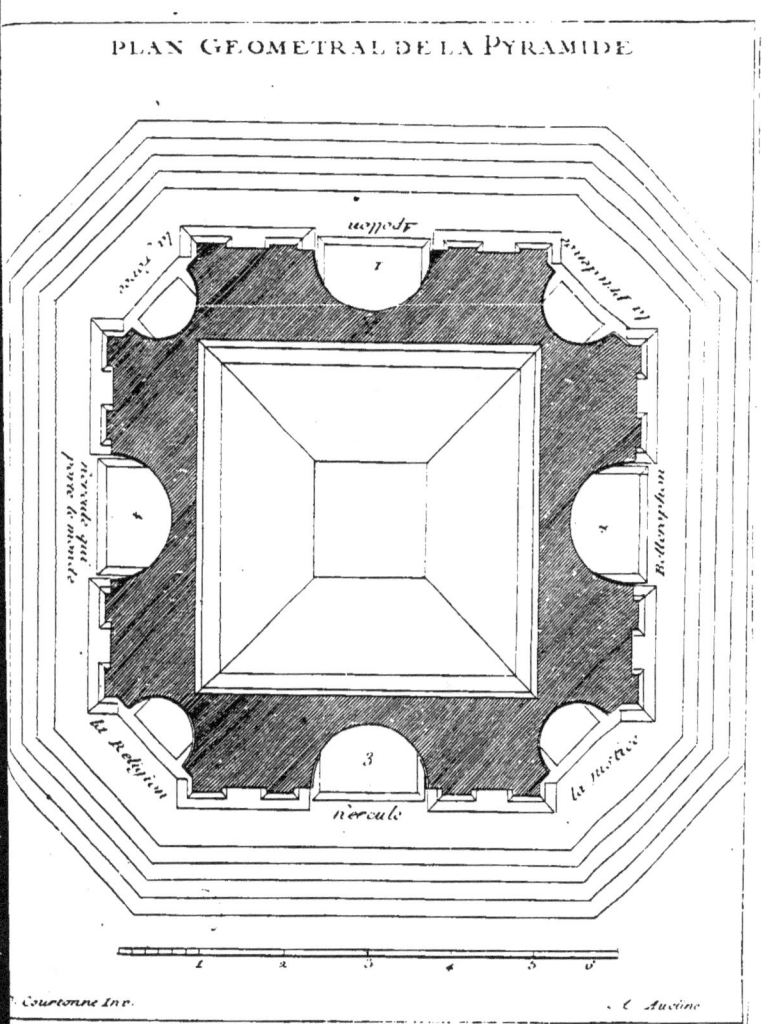

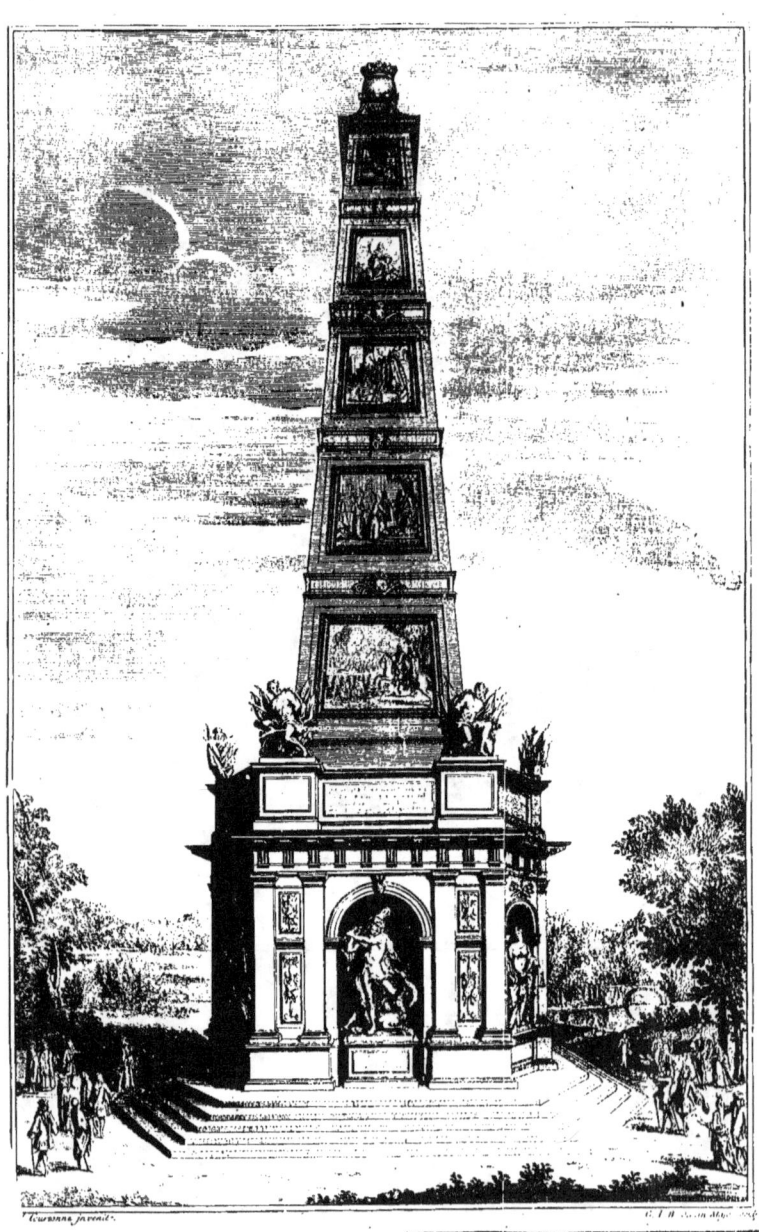

voyoit ces Deſſeins avortez par les fameuſes Batailles de Flerus , de Stéenquerque , de Nerwinde, de la Marſaille & de Stafarde ; par les priſes de Philiſbourg & de pluſieurs autres places , & par la Paix de Riſwik , que les Alliez furent obligez d'accepter. On n'a pû donner une idée plus juſte de ces faits heroïques qu'en plaçant dans la grande niche un Bellerophon, qui, monté ſur le Cheval Pegaſe , foule aux pieds la Chimere qu'il vient de terraſſer ; ce groupe eſt entre la Prudence & la Juſtice, dont l'une ne fait rien entreprendre que de légitime , & l'autre donne des conſeils pour l'exécuter.

Dans la grande niche de la troiſiéme face, qui eſt celle que j'ai repréſentée dans la Perſpective de mon Deſſein, comme la plus glorieuſe des actions de Sa Majeſté , l'Hercule Gaulois aſſomme l'Hydre & luy porte le dernier coup de la mort : on voit à ſes côtez la Religion & la Juſtice, dont les interêts luy font terminer ſi genereuſement ce que ſes Prédeceſſeurs avoient commencé, mais dont le ſuccès glorieux étoit réſervé à Louis le Grand. Les trois teſtes de l'Hydre repréſentent aſſez naturelle- ment les différentes eſpeces d'hereſies que Sa Majeſté a entiere- ment extirpées. On peut voir dans les bas reliefs ce qu'il a fait, tant pour la défenſe & l'honneur de la Religion , que pour bannir l'hereſie de ſes Etats.

Enfin, la gloire de Sa Majeſté étant répandue juſqu'aux extre- mitez de l'Europe , & les Peuples même qui envioient le plus ſa puiſſance, ſe laiſſant gouverner aujourd'huy dans la perſonne de ſon Petit-Fils ; la protection tant de fois accordée aux Souverains legitimes , dans les Perſonnes des Rois , des Electeurs & des Princes de l'Empire , & tant de Travaux heroïques ſoutenus avec intrépidité contre ceux qui ne cherchoient qu'à troubler la tranquillité de l'Europe , ont fait avouer aux plus envieux de ſa gloire , qu'il ne tenoit pas à luy que cette tranquillité n'y fût entierement rétablie , & qu'il l'avoit toûjours regardée comme la fin la plus glorieuſe de ſes Travaux : C'eſt ce que je voulois faire voir par le groupe de la quatriéme niche , qui repréſente encore un Hercule qui porte le Monde ou un Globe terreſtre , ayant à ſes côtez la Religion & la Force, dont la premiere étoit l'ame de ſes grands Deſſeins, pendant que la Force le mettoit en état de les exécuter.

La Couronne immortelle que la vertu deſtinoit à ce Heros , fait l'amortiſſement de cette Pyramide.

E e

Les Deſſeins qui ſuivent ſont de l'Hôtel de Noirmontier, qui
eſt au Fauxbourg S. Germain rue de Grenelle, aſſez près de la
Barriere. Cet Hôtel a été bâti par M. le Duc de Noirmontier,
de l'illuſtre Maiſon de la Tremoille, & achevé au mois de Juin
en l'année 1724. Ce Seigneur auſſi magnifique & conſommé dans
les plus beaux Arts qu'il illuſtre par la grandeur de ſa naiſſance,
avoit jetté les premiers fondemens, & ébauché ; pour ainſi dire,
ſon projet dès l'année 1720. il m'avoit fait l'honneur long-temps
auparavant de me choiſir, non-ſeulement pour ſon Architecte,
mais encore pour la conduite particuliere de tout l'Ouvrage, qui,
dans le ſuccès heureux & l'approbation generale qu'on luy a
donné, ne laiſſe pas de devoir quelques-unes de ſes principales
beautez au génie ſublime de ce Seigneur & de Madame la
Ducheſſe ſon Epouſe, deſquels ſi je n'apprehendois de bleſſer la
modeſtie, il y auroit de quoi m'étendre ſur ce ſujet ; mais le peu
que j'en dis paroîtra d'autant moins ſuſpect, que les hommes
ne cedent pas volontiers une gloire qui pourroit leur appartenir
de plein droit, à ceux qui en ont tant d'autres acquiſes, que l'on
n'oſeroit leur diſputer.

Il eſt aſſez inutile de faire un long détail de la diſtribution de
cet Hôtel, puiſqu'on pourra en connoître toutes les parties par le
plan que je donne icy, ſur lequel par le ſecours de l'échelle, on
trouvera toutes les dimenſions des pieces différentes qui le compoſent. Je ſuis obligé néanmoins d'avertir que l'on n'a eu en vûe
& pour principal objet que les Appartemens de l'étage du rez-de-
chauſſée, qui, par ſon élevation de ſept marches au-deſſus de la
cour, & de dix-huit du côté du jardin, a tout l'avantage d'un
premier étage, tant pour la vûe que pour toutes ſortes de commoditez.

Cette deſtination a déterminé à ne faire qu'un Attique au-
deſſus, qui ne laiſſe pas d'avoir douze pieds d'élevation du côté
de la cour, & donne encore un très-bel Appartement deſtiné
aux plus proches Parens de la Famille dans de certains temps,
ce qui luy a fait donner le nom de l'Appartement des Neveux. Le
reſte du côté du jardin eſt diſtribué en d'autres petits Appartemens fort commodes, & en pluſieurs chambres d'Officiers, le
tout dégagé par un Coridor de toute la longueur du Bâtiment &
éclairé par les deux bouts : on trouve encore dans ce Coridor
un Eſcalier qui conduit au comble, dans lequel on a menagé
pluſieurs pieces pour ſervir de garde-meubles & de chambres pour
les Gens de Livrées : au reſte cette étage n'étant, comme nous
avons dit, qu'un Attique, on a cru qu'un Eſcalier de grandeur
médiocre ſuffiſoit pour y conduire.

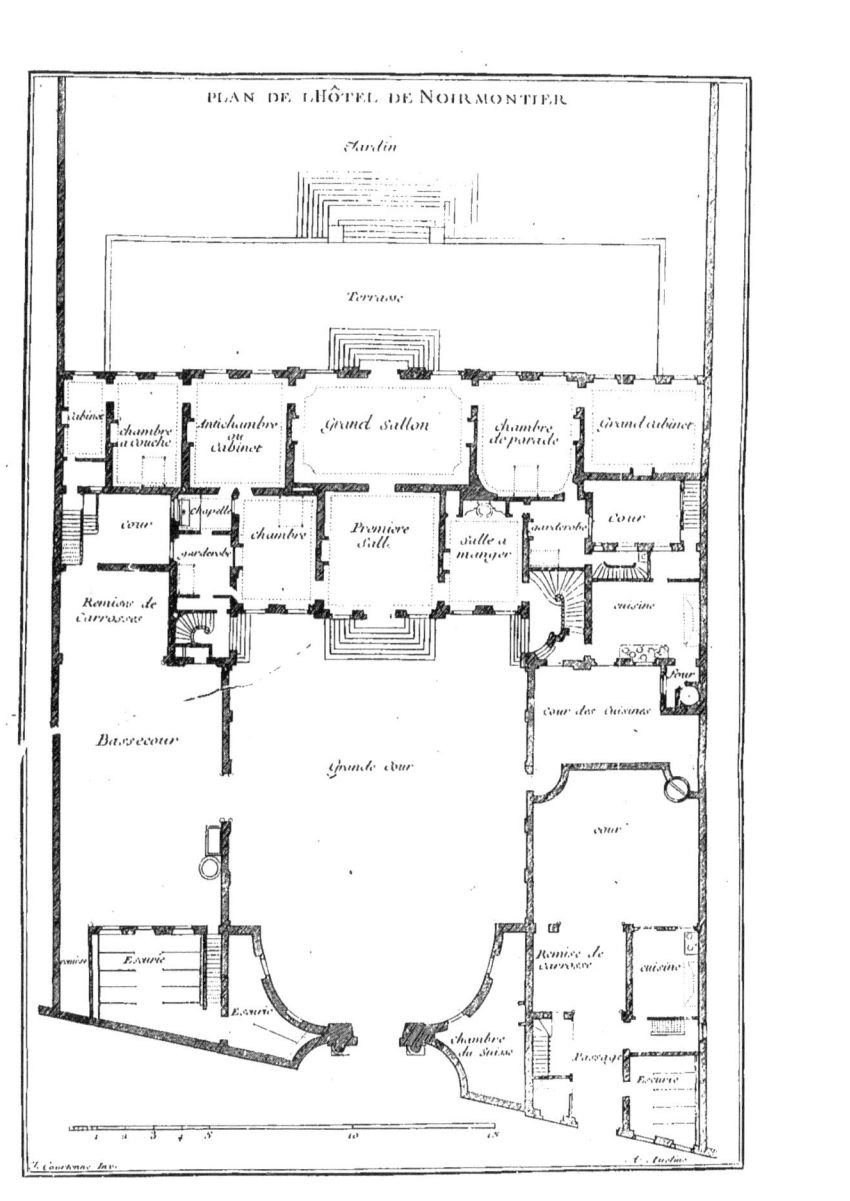

PLAN DE L'HÔTEL DE NOIRMONTIER

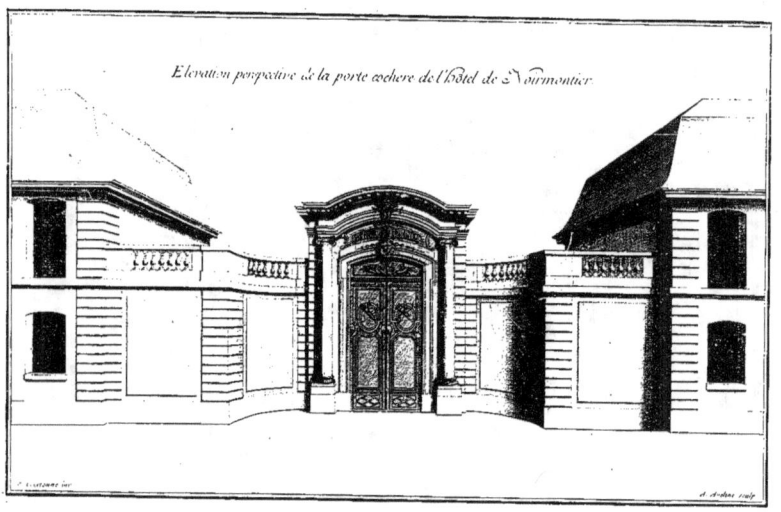

Elevation perspective de la porte cochere de l'hôtel de Noirmontier.

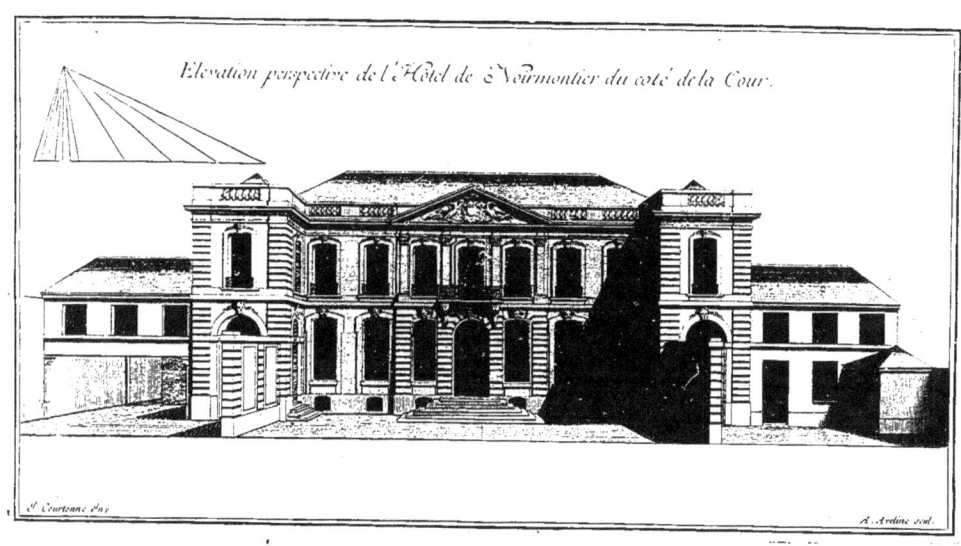

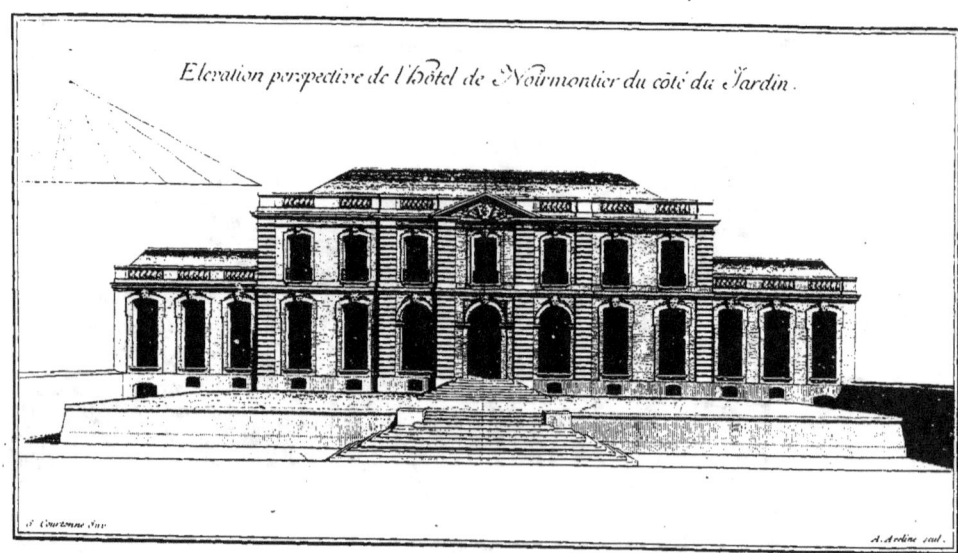

Elevation perspective de l'hôtel de Noirmontier du côté du Jardin.

S. Courtonne inv.   A. Aveline sculp.

Il y a des soûterreins voûtez sous toutes les pieces du grand
Corps de Logis, dans lesquels on trouve les Salle du Commun,
Offices & autres dépendances, avec un nombre suffisant de Caves
de toutes sortes de grandeurs.

On descend d'abord du grand Sallon sur la Terrasse par un
Perron de sept marches: cette Terrasse a vingt toises de longueur
sur quatre toises & demi de largeur, au milieu de laquelle on trouve
un autre Perron de dix ou douze marches qui conduit au Jardin:
cette disposition fait un aspect des plus agréables; non-seulement
du grand Sallon, mais dès le seuil de la Porte-Cochere, on paroît
frappé de la beauté de l'enfilade, & des proportions cadencées
qui se présentent à la vûe.

La plûpart des pieces du rez-de-chaussée sont superbement
décorées, la Sculpture fine & délicate, les profils & ornemens
des corniches dans un goût nouveau, & sur-tout celle du grand
Sallon & du grand Cabinet à main droite: la Salle à manger est
des plus riches & d'un Dessein fort particulier.

Je donne icy trois élevations Perspectives de cet Hôtel: La
premiere est celle de la face du grand Corps de Logis du côté de
la Cour: La seconde, celle du côté du Jardin, dans laquelle on
peut voir la Terrasse avec les deux Perrons: Et la derniere est
l'élevation Perspective de la grande Porte-Cochere, dans laquelle
on voit celle des Demi-Lunes, & une partie des Pavillons qui
sont aux deux côtez: J'ai pris soin d'y mettre l'Echelle Perspective,
pour l'usage de ceux qui sçauront s'en servir; ce qui ne sera
pas fort difficile à ceux qui auront lû ce Traité avec application.

Voici les Deſſeins d'un autre grand Hôtel que j'ai commencé
dès l'année 1721. & qui a été continué juſqu'au mois de Juillet
1723. pour M. le Prince de Tingry, rue de Varennes Fauxbourg
S. Germain. Ce Seigneur, dont toutes les démarches ſont accom-
pagnées de marques éclatantes de grandeur & de nobleſſe, en a
laiſſé quelques traces dans le Projet que j'expoſe icy. Des raiſons
particulieres en ont interrompu le cours, & l'ont déterminé à
vendre ſon Hôtel dans l'état où il ſe trouvoit à M. le Comte de
Matignon. Je ſervis d'un des principaux inſtrumens pour faire
réuſſir cette négociation, & ce fut moi qui en fis la premiere
propoſition à M. de Matignon, qui lors de la concluſion en temoi-
gna une joye extraordinaire, laquelle étoit d'autant mieux fondée,
que cet emplacement l'emporte par ſon expoſition & par la beauté
de ſa vûë, ſur ce qu'il y a de plus riant aux environs de Paris,
& que, non-ſeulement la nobleſſe & la grandeur de l'Edifice,
mais la diſtribution & l'arrangement ſembloient avoir été faits
pour ce dernier. J'en reçûs des complimens, & de luy & de tous
les Amis; je continuai mon projet avec aſſez d'agrément pendant
quelques mois; lorſqu'une inquietude que je ne ſçais à quoi
attribuer, porta M. le Comte de Matignon à vouloir prendre les
Avis de quelques Architectes, que leur modeſtie m'empêche de
nommer, & qui nonobſtant leur grande capacité furent aſſez
honnêtes pour s'en défendre, ne croyant pas qu'il fût de la bien-
ſceance de troubler une perſonne qui n'avoit fait juſqu'alors aucun
mauvais pas, & qui s'étoit acquitté juſques là de ſon devoir
d'une maniere irrepréhenſible : il s'en eſt pourtant trouvé un qui
n'a pas eu la même délicateſſe, & qui a ſi bien gagné la confiance
de ce Seigneur, qu'après quelques legeres remontrances que je
crus être obligé de faire, il me parut qu'il étoit de mon honneur
de me retirer, & d'abandonner le reſte, qui étoit fort peu de
choſe, à la conduite de ce dernier : s'il s'en acquitte bien, c'eſt
ce que le temps nous apprendra & ce qui dépendra du jugement
du Public, auquel je me ſoumets déja par avance : mais pour
ne point confondre ce que j'ai fait avec ce qui reſtoit à faire,
il faut que je rende compte au même Public de ce qui me
regarde.

Le Plan que je donne icy n'a été changé en aucune de ſes
parties, ſi on en excepte quelque bouchement ou ouverture de
portes, qu'on a pû faire dans les Garde-Robes & autres pieces
de nulle conſéquence. Les Elevations Perſpectives que je donne
icy, tant du côté de la Cour que de celuy du Jardin; ſont encore
les mêmes: les Ragrémens en avoient été faits de mon temps,

auſſi

auſſi bien que ceux du Veſtibule ovale & du grand Eſcalier. Je n'ay à me plaindre que de la Porte-Cochere, dont l'exécution eſt bien différente du Deſſein que j'avois donné, qui eſt le même que l'on voit icy repréſenté en Perſpective : la clef de l'Arcade de la Porte-Cochere n'étoit pas encore poſée, quand je pris le parti de me retirer, & l'on en étoit demeuré aux Tambours des Chapiteaux des Colonnes : on verra par l'entablement de ces Colonnes qui devoit être Ionique, que ce n'eſt pas moy qui en ay donné les profils ; & j'en avertis icy dans la crainte que j'ay qu'on ne les mette ſur mon compte, auſſi-bien que les maſſes de pierre qu'on a mis par-deſſus, en ſupprimant le fronton & les autres ornemens que l'on peut voir dans le Deſſein.

Je ſuis encore obligé d'avertir icy que toutes les Corniches de plâtre ornées de Sculpture, tant de l'étage du rez-de-chauſſée que du premier étage au-deſſus ne ſont point de moi, non plus que les Deſſeins des Lambris de Menuiſerie : on n'aura pas de peine à le croire, ſi on ſe donne la peine de voir les Corniches & les Lambris de Menuiſerie de l'Hôtel de Noirmontier ; la comparaiſon qu'on pourra faire des uns aux autres, me juſtifiera aſſez au près des perſonnes déſintereſſées.

Pour dire à préſent quelque choſe de la diſtribution & de la décoration de cet Edifice, j'avertiray d'abord que la différence des milieux de la grande Cour & du Jardin, en a fait la principale difficulté : car il arrive de-là que les parties ſaillantes ou Pavillons du côté du Jardin, répondent ſur la Cour à des parties rentrantes, ce qui devient aſſez embaraſſant, & ſur-tout pour les combles : cependant ils ſont tous de niveau, & les Pavillons y ſont marquez des deux côtez avec beaucoup d'art & d'agrément.

Le Veſtibule ovale, par lequel on entre dans le principal Corps de Logis, eſt orné de huit Pilaſtres Ioniques couronnez d'un ſeul architrave qui luy ſert d'entablement : ce Veſtibule eſt entierement de pierre de taille, auſſi-bien que la voûte ſphérique qui eſt ornée d'un cadre ovale, ſur lequel j'aurois voulu tailler quelques moulures auſſi-bien que ſur l'architrave. Cette voûte qui a vingt-quatre pieds de diamétre ſur vingt-un, n'a que ſeize pouces de ceintre ou d'élevation, ce qui la fait paſſer au ſentiment des Connoiſſeurs pour une Piece aſſez hardie. Le dehors de ce Veſtibule fait un Avant-Corps de ſix pieds ſur la Cour : cet Avant-Corps qui eſt ovale par le dehors dans ſes deux extrémitez, monte juſqu'au haut du Bâtiment. Il eſt orné d'un Balcon poſé ſur des Conſoles de pierre avec des trophées très-riches au-deſſus, percé

F f

par trois Arcades à chaque étage, & il est terminé en haut par les Armes du Maître qui tiennent toute l'étendue du devant de cet Avant-Corps : J'avois imaginé cette nouvelle décoration, pour éviter la répetition d'un Fronton que je voulois mettre, comme je l'ai dit cy-dessus, pour couronner l'ordonnance de ma Porte-Cochere, & c'est ce qu'on n'a pû ou voulu comprendre.

La Voûte du grand Escalier est des plus hardies, la marche de pallier qui a trente-deux pieds de long est voûtée en Arc de Cloître, fort sur-baissé & rachete la derniere Rempe, laquelle porte encore sur le milieu d'une grande Arcade de onze pieds de large. Cette continuité de masse de pierre suspendue, fait un effet des plus surprenans.

La grande Cour de cet Edifice a quatorze toises de large sur vingt-deux de profondeur ; il y a du côté du Jardin une Terrasse magnifique, ornée de Perrons d'une grandeur proportionnée à celle du Bâtiment & du Jardin : on peut descendre dans ce Jardin par les deux Corps de Logis qui sont en arriere-corps du principal, ce que j'ai fait pour la commodité, & pour éviter de passer par les Appartemens & sur la belle Terrasse : je ne sçai si l'on a pratiqué la Descente à main droite, qui ne devoit être qu'un glacis pour y conduire à la brouette les terres ou fumiers nécessaires.

On aura recours aux Desseins, si l'on veut connoître plus au long toutes les parties de cet Edifice.

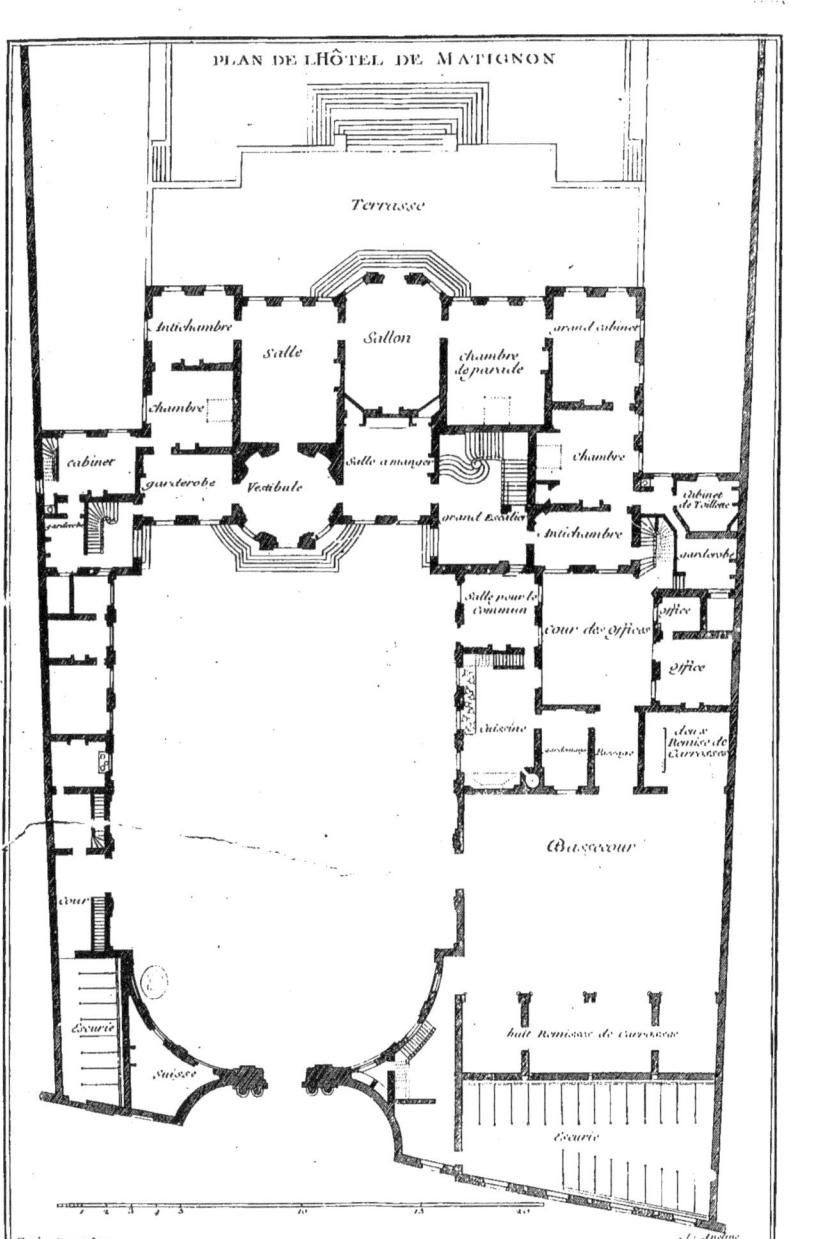

PLAN DE L'HÔTEL DE MATIGNON

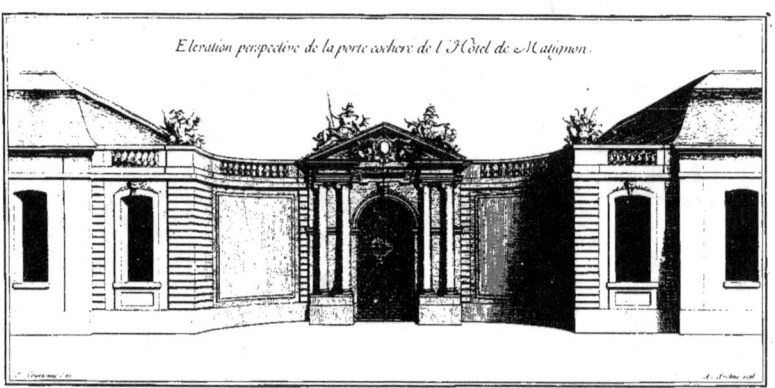

Elevation perspective de la porte cochere de l'Hôtel de Matignon.

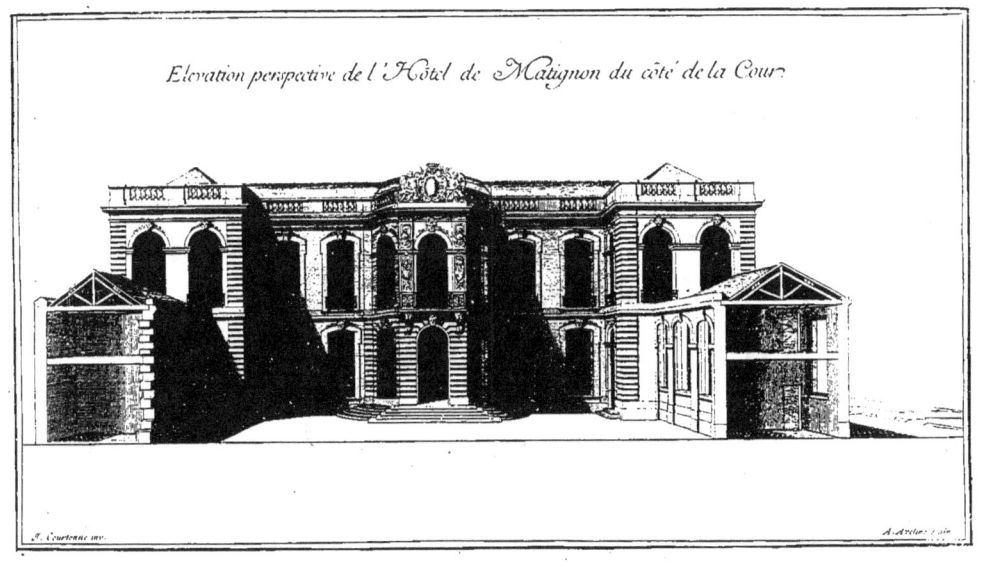

Elevation perspective de l'Hôtel de Matignon du côté de la Cour.

J. Courtonne inv.   A. Aveline fecit

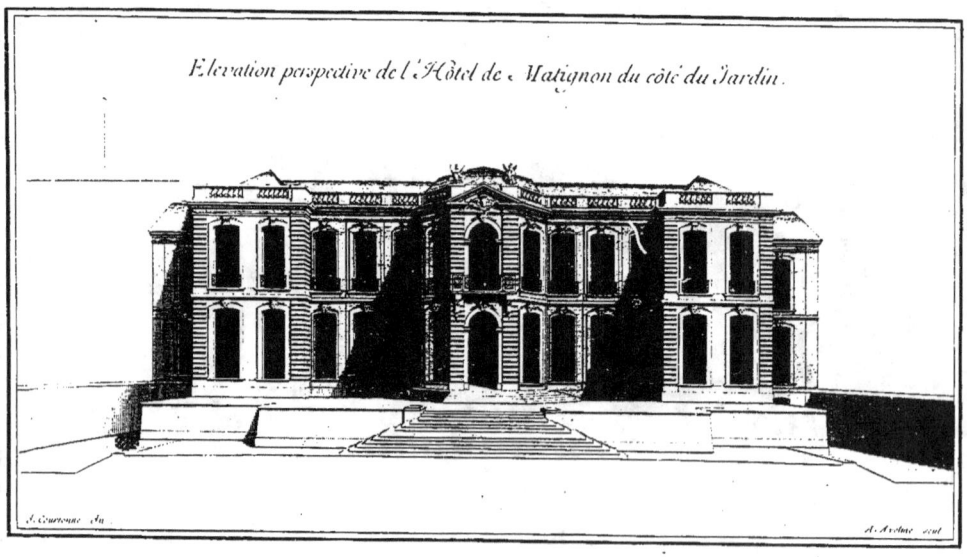

Elevation perspective de l'Hôtel de Matignon du côté du Jardin.

Une conversation particuliere que j'ai eu avec des Personnes de la premiere qualité, sur le grand succès de l'Hôtel de Noirmontier, qu'on a bien voulu regarder avec distinction, & comme une piece à laquelle on ne pouvoit rien ajoûter ny retrancher sans en altérer les proportions, m'a fait imaginer sur le même emplacement le projet que vous verrez dans les Plans & Elevations qui suivent. J'ai pris cet entretien tout honorable qu'il me soit, comme une espece de défi, & dans cette pensée j'ai fait une composition toute différente de la premiere. On croira fort aisément que mon dessein n'est pas de contredire le sentiment de ceux qui m'ont honoré de leur suffrage, il y auroit trop d'ingratitude d'une part, & de l'autre trop de présomption : mais quoique la distribution de l'Hôtel de Noirmontier ait tous les avantages qu'on pourroit désirer par rapport à l'intention & à l'usage du Seigneur qui l'a fait bâtir, il est certain qu'elle ne conviendroit pas également à d'autres, qu'une plus nombreuse famille obligeroit à faire un grand Etage au lieu d'un Attique; car en ce cas il faudroit un Escalier plus magnifique, bien plus de commoditez, & changer par conséquent, & la distribution, & la décoration de tout l'Edifice.

C'est dans cette vûë que j'ai donné à ma Cour onze toises de large sur seize de profondeur; elle est accompagnée de deux Basse-Cours, dont la plus grande à sept toises de largeur, qui est celle des Ecuries & remises de Carosses, & la moindre qui est la Cour des Cuisines n'a que quatre toises de large : cette disposition fait que le milieu de la principale Cour ne répondroit pas au milieu du Jardin, ce que l'on regarderoit comme un défaut considerable : mais pour y remedier, j'ai ménagé une Terrasse de dix-sept pieds de large, qui doit régner le long d'un des côtez du Jardin, & qui s'unit avec la grande Terrasse, qui s'étend le long du principal Corps de Logis qui regarde sur le même Jardin. J'ai encore observé de faire un Pavillon dans l'alignement de la Terrasse qui est de la même largeur de dix-sept pieds, & qui a douze pieds de saillie par de-là le principal Corps de Logis : outre que cette distribution donne une beauté nouvelle au Jardin par l'agrément de cette Terrasse qui doit regner dans toute sa longueur, elle rétablit toutes choses dans leur ordre naturel : car par ce moyen le milieu de la grande Cour répond au milieu du Jardin, & l'on tire encore un autre avantage, dont on fait un grand cas aujourd'huy, qui est d'avoir deux beaux Appartemens sur le Jardin, dont il y en a un qui a beaucoup plus de suite que l'autre, & cela sans déroger à la simétrie qui se trouve observée aussi-bien par le

DIGRESSION

dehors que par le dedans, ce qu'on verra mieux par les Desseins que par un plus long discours.

Le dessus de la Porte-Cochere est couvert, & forme comme un premier Vestibule, que l'on peut décorer de pilastres, si on le juge à propos. Cette disposition n'est pas tant pour l'ornement que pour donner plus d'épaisseur d'une part au double des Ecuries & Remises de Carosses, & de l'autre à celui des Cuisines & dépendances. On trouve par ce moyen autant de logemens qu'on en peut avoir affaire pour des Officiers & autres Domestiques, comme on le voit dans le Plan du premier Etage, au-dessus desquels sont les Greniers & d'autres commoditez qui conviennent à une grande Maison.

Il est bon d'avertir que les quatre Remises de Carosses du fond de la Basse-Cour, & la Salle du Commun qui est dans la Cour des Cuisines, ne doivent pas monter aussi haut que les Bâtimens contre lesquels ils sont adossez, & qu'il n'y a aucuns logemens au-dessus, en sorte que le haut de leur comble ne doit pas exceder la plinte qui sert de couronnement aux murs de clôture de la grande Cour, & qui est au niveau du premier plancher du grand Corps de Logis.

Je n'ai point mis les Elevations de cet Hôtel en perspective comme les autres, m'y étant pris trop tard, & dans le temps que l'impression de ce Livre étoit presque achevée. J'aurois souhaité par la même raison d'en donner une coupe : au reste je ne dirai rien sur la distribution de cet Hôtel, puisque les Plans en donnent toute la connoissance par le moyen de l'Echelle.

FIN.

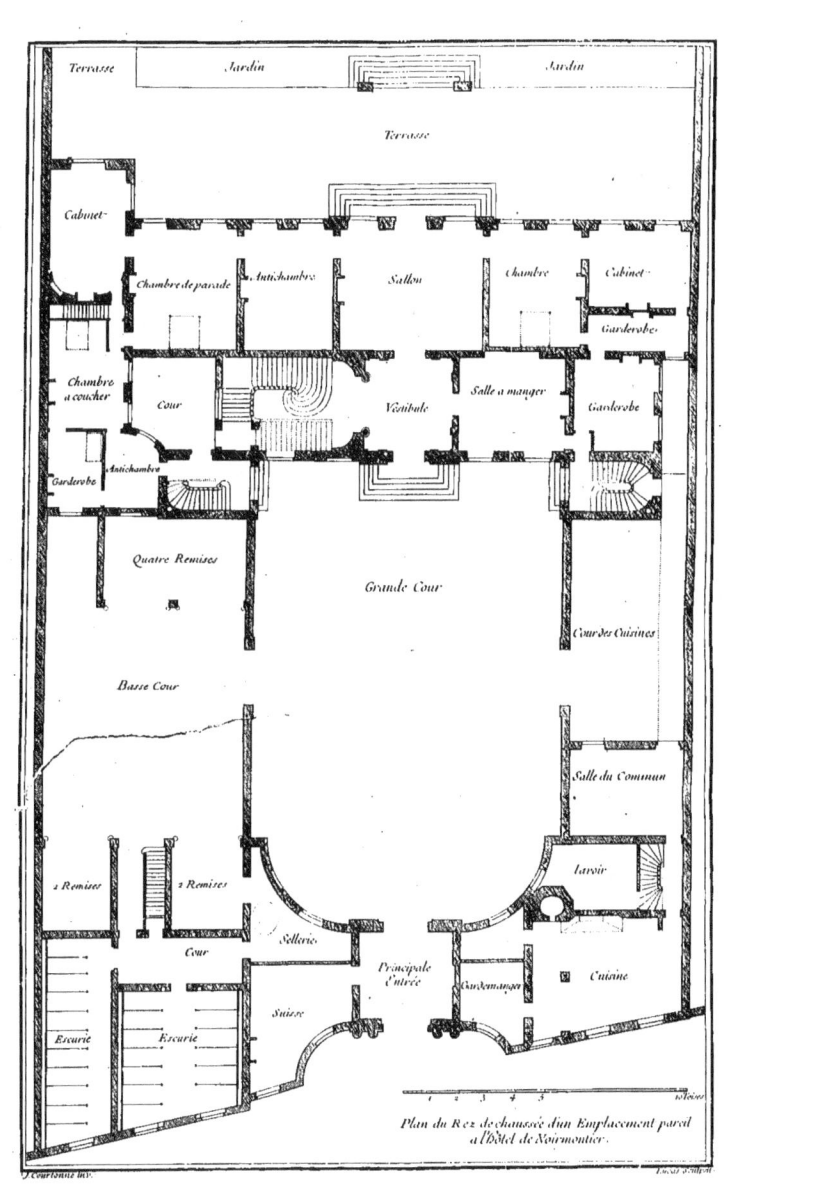

Terrasse   Jardin   Jardin

Terrasse

Cabinet

Chambre de parade   Antichambre   Sallon   Chambre   Cabinet

Gardevobe

Chambre
a coucher   Cour   Vestibule   Salle a manger   Gardevobe

Gardevobe   Antichambre

Quatre Remises

Grande Cour

Cour des Cuisines

Basse Cour

Salle du Commun

2 Remises   2 Remises   Lavoir

Sellerie

Cour

Principale
Entrée   Garde manger   Cuisine

Suisse

Escurie   Escurie

Plan du Rez de chaussée d'un Emplacement pareil
a l'Hôtel de Noirmontier.

J.courtonne inv.   Lucas sculpsit.

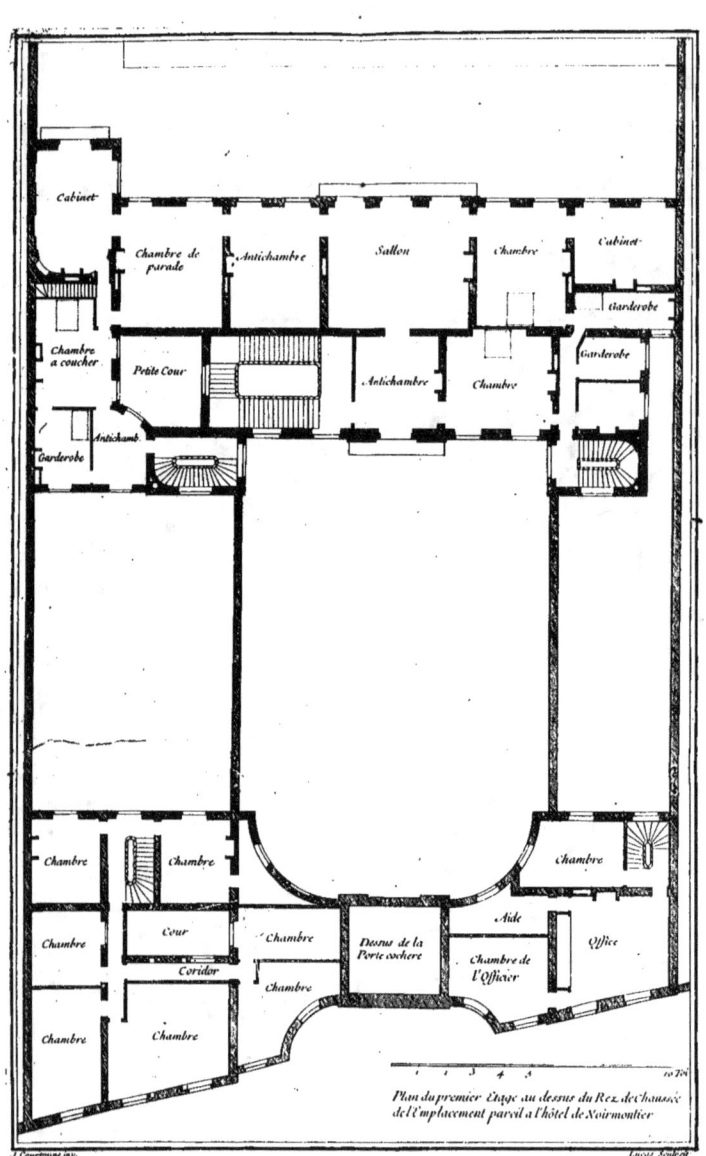

Cabinet

Chambre de parade   Antichambre   Sallon   Chambre   Cabinet

Garderobe

Chambre a coucher   Petite Cour   Antichambre   Chambre   Garderobe

Garderobe   Antichamb.

Chambre   Chambre   Chambre

Chambre   Cour   Chambre   Dessus de la   Aide   Office

Coridor   Porte cochere   Chambre de l'Officier

Chambre

Chambre   Chambre   Chambre

10 760

Plan du premier étage au dessus du Rez de chaussée
de l'emplacement pareil a l'hôtel de Noirmontier

J. Courtonne inv.   Lucas Sculpsit

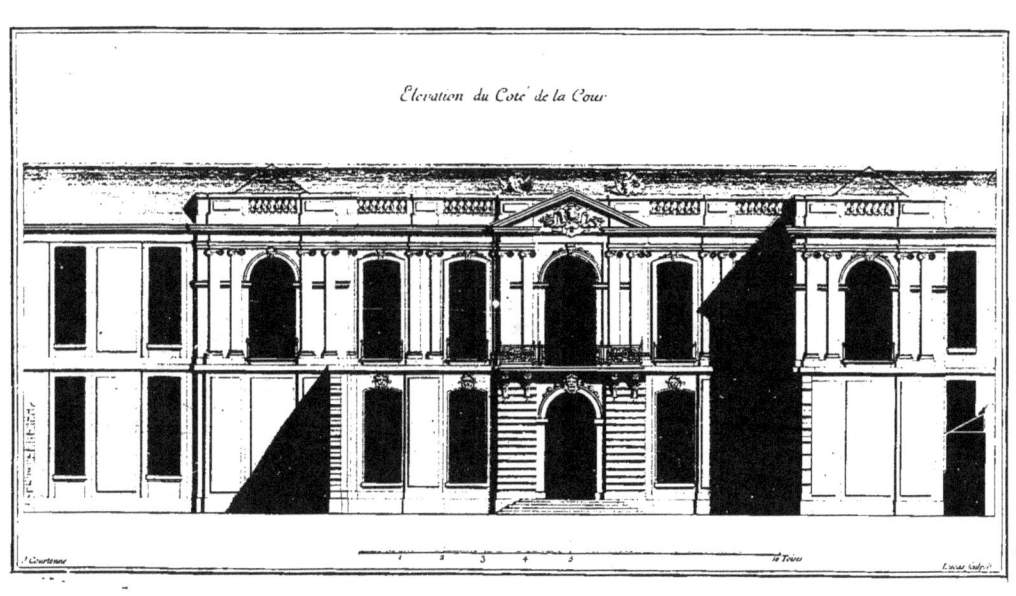

Elevation du Coté de la Cour

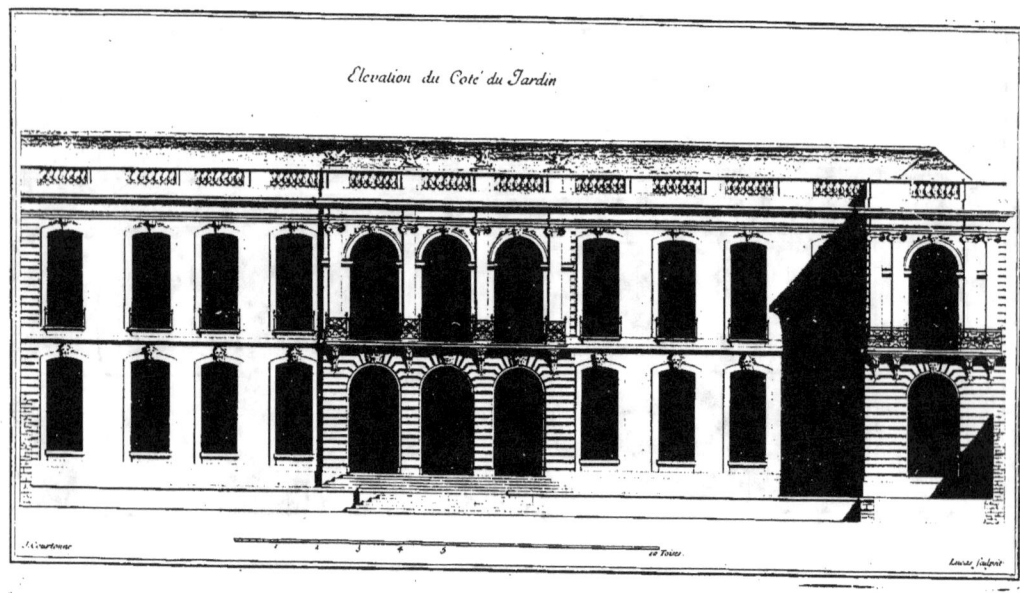

Elevation du Coté du Jardin

APPROBATION.

J'AY lû par l'Ordre de Monseigneur le Garde des Sceaux, un Manuscrit intitulé: *Traité de la Perspective Pratique*. Cet Ouvrage m'a paru expliqué d'une maniere claire, qui me fait croire qu'il sera utile au Public. FAIT à Paris le 4. Janvier 1725.

MAHYEUX.

PRIVILEGE DU ROT.

LOUIS par la grace de Dieu, Roi de France & de Navarre: A nos amez & feaux Conseillers, les gens tenans nos Cours de Parlement, Maîtres ordinaires de notre Hôtel, Grand-Conseil, Prevôt de Paris, Baillifs, Sénéchaux, leurs Lieutenans Civils, & autres nos Justiciers qu'il appartiendra, SALUT. Notre bien amé JEAN COURTONNE, Architecte, Noûs ayant fait remontrer qu'il a composé *un Traité de la Perspective Pratique avec quelques remarques & observations sur l'Architecture, suivies des Plans & Elevations Perspectives de quelques Bâtimens considerables qu'il a fait construire dans notre bonne Ville de Paris, & d'une Pyramide Triomphale qu'il avoit composé à la gloire de notre Très-Honoré Seigneur & Bisayeul Louis le Grand*: mais comme cet Ouvrage seroit d'une très-grande utilité tant pour ceux qui veulent s'appliquer à l'étude de la Perspective & de l'Architecture, qu'aux Peintres & aux Amateurs des beaux Arts, & qu'il craint que quelques Graveurs, Dessinateurs, Imprimeurs & autres ne s'avisassent de lui contrefaire, attendu le long travail, les applications & les recherches qu'il a été obligé de faire pour le pouvoir parfaire; il nous auroit en consequence très humblement fait supplier de vouloir bien pour l'en dédommager, lui accorder nos Lettres de Privilege sur ce nécessaires. A CES CAUSES, voulant traiter favorablement ledit sieur Exposant & reconnoître son zéle & lui donner les moyens de Nous les continuer, Nous lui avons permis & permettons par ces Présentes, de faire imprimer & graver ledit *Traité de Perspective Pratique*, au Burin, à l'eau-forte ou autrement, en tels volumes, forme, marge caractere, conjointement ou séparément, & autant de fois que bon lui semblera, & de le vendre, faire vendre & débiter par tout notre Royaume, pendant le tems de dix années consecutives, à compter du jour de la date desdites Présentes: Faisons défenses à toutes sortes de personnes de quelque qualité & condition qu'elles soient, d'en introduire d'impression ou gravûre étrangere dans aucun lieu de notre obéissance, comme aussi à tous Graveurs, Dessinateurs, Imprimeurs, Libraires, Marchands en Taille-douce & autres, de graver, faire graver ou imprimer en general ou en particulier, copier ou faire copier ledit Traité de Perspective Pratique en tout ni en partie, ni d'en faire aucuns Extraits sous quelque prétexte que ce soit, de gravûre, impression étrangere ou autrement, sans le consentement par écrit dudit sieur Exposant ou de ceux qui auront droit de lui, à peine de six mille livres d'amende contre chacun des Contrevenans, dont un tiers à Nous, un tiers à l'Hôtel-Dieu de Paris, l'autre tiers audit sieur Exposant, de confiscation tant des Planches contrefaites, que des Ustanciles qui auront servi à ladite contrefaçon que nous entendons être saisis en quelque lieu qu'ils soient trouvez, & de tous dépens, dommages & interêts; à la charge que cesdites Présentes seront enregistrées tout au long sur le Registre de la Communauté des Libraires & Imprimeurs de Paris, & ce dans trois mois de la date d'icelles; que l'impression & gravûre dudit Traité de Perspective Pratique sera faite dans notre Royaume & non ailleurs, en beau Papier & en beaux Caracteres, conformément aux Reglemens de la Librairie, & qu'avant que de l'exposer en vente, le Manuscrit ou Imprimé sera remis dans le même état où l'Approbation y aura été donnée, ès mains de notre très-cher & feal Chevalier Garde des Sceaux de France, le Sieur FLEURIAU D'ARMENONVILLE, Commandeur de nos Ordres; & qu'il en sera ensuite remis deux exemplaires dans sa Biblio-

Gg

theque publique, un dans notre Château du Louvre, & un dans celle de notre très-cher & féal Chevalier Garde des Sceaux de France, le Sieur Fleuriau d'Armenonville, Commandeur de nos Ordres, le tout à peine de nullité des Présentes. Du contenu desquelles vous mandons & enjoignons de faire jouir ledit sieur Exposant ou ses ayans cause pleinement & paisiblement, sans souffrir qu'il leur soit fait aucun trouble ou empêchement. Voulons que la Copie desdites Présentes qui sera imprimée tout au long au commencement ou à la fin dudit Livre, soit tenue pour dûement signifiée; & qu'aux Copies collationnées par l'un de nos amez & féaux Conseillers & Secretaires, foi soit ajoûtée comme à l'Original. Commandons au premier notre Huissier ou Sergent de faire pour l'exécution d'icelles tous actes requis & necessaires, sans demander autre permission, & nonobstant Clameur de Haro, Charte Normande, & Lettres à ce contraires. CAR tel est notre plaisir. Donné à Paris le onziéme jour du mois de Janvier, l'an de grace mil sept cent vingt cinq, & de notre Regne le dixieme. Par le Roy en son Conseil. CARPOT.

Registré sur le Registre VI. de la Chambre Royale & Syndicale de la Librairie & Imprimerie de Paris, N° 163. fol. 138. conformément au Reglement de 1723. qui fait defenses art. IV. à toutes personnes de quelque qualité qu'elles soient, autres que les Libraires & Imprimeurs, de vendre, debiter & faire afficher aucuns Livres pour les vendre en leurs noms, soit qu'ils s'en disent les Auteurs ou autrement, & à la charge de fournir les Exemplaires prescrits par l'article CVIII. du même Reglement. A Paris le douze Fevrier mil sept cent vingt-cinq.

Signé BRUNET, Syndic.

Ledit sieur Courtonne a cedé & transporté la moitié de son droit au present Privilege au sieur Jacques Vincent, Imprimeur-Libraire à Paris, suivant l'accord fait entre eux.

www.ingramcontent.com/pod-product-compliance
Lightning Source LLC
Chambersburg PA
CBHW071538220526
45469CB00003B/836